Tecnologías de la traducción en el ámbito de las migraciones

STUDIEN ZUR ROMANISCHEN SPRACHWISSENSCHAFT UND INTERKULTURELLEN KOMMUNIKATION

Herausgegeben von
Gerd Wotjak, José Juan Batista Rodríguez und Dolores García-Padrón

197

Celia Rico Pérez

Tecnologías de la traducción en el ámbito de las migraciones

Lausanne - Berlin - Bruxelles - Chennai - New York - Oxford

Información bibliográfica publicada por la
Deutsche Nationalbibliothek
La Deutsche Nationalbibliothek recoge esta publicación en la Deutsche
Nationalbibliografie; los datos bibliográficos detallados están disponibles en
Internet en http://dnb.d-nb.de.

Este trabajo se ha realizado en el marco de la Red INMIGRA3-CM
(H2019/HUM-5772), "La población migrante en la Comunidad de Madrid:
factores lingüísticos, comunicativos, culturales y sociales del proceso de
integración y recursos lingüísticos de intervención", financiada por la
Consejería de Ciencia, Universidades e Innovación de la Comunidad de Madrid
en la convocatoria de ayudas para la realización de programas de actividades de
I+D entre grupos de investigación de la Comunidad de Madrid en Ciencias
Sociales y Humanidades, cofinanciada con los programas operativos del Fondo
Social Europeo 2014-2020 (Orden 66/2019).

ISSN 1436-1914
ISBN 978-3-631-88831-5 (Print)
E-ISBN 978-3-631-88832-2 (E-PDF)
E-ISBN 978-3-631-88833-9 (EPUB)
DOI 10.3726/b20122

© 2023 Peter Lang Group AG, Lausanne
Publicado por: Peter Lang GmbH, Berlin, Deutschland

info@peterlang.com - www.peterlang.com

Esta publicación ha sido revisada por pares.

A la memoria de Lorena Pérez Macías, entusiasta compañera de investigación. Su joven y brillante carrera académica quedó truncada tempranamente el 3 de mayo de 2023.
Estarás siempre en mi recuerdo.

Índice

Introducción 9

Capítulo 1. Análisis del proceso migratorio desde el
punto de vista de la tecnología de la traducción 15

1.1. Caracterización del tercer sector como marco conceptual
de las migraciones 15

1.2. El proceso migratorio y las necesidades comunicativas de
las personas migrantes 18

1.3. Tipología de herramientas de traducción 21

1.4. La tecnología de la traducción en la cadena de ayuda
humanitaria 31

1.5. Las necesidades multilingües del tercer sector y su
relevancia social 41

Capítulo 2. Corpus digitales para la traducción en el
ámbito migratorio 45

2.1. El uso de corpus en el ámbito de las migraciones 45

2.2. Cómo crear un corpus *ad hoc* 56

2.3. Herramientas para la explotación de un corpus 60

Capítulo 3. Gestión terminológica y glosarios en el
ámbito migratorio 61

3.1. Glosarios y bases de datos terminológicas en el ámbito
de las migraciones 62

3.2. El formato de intercambio de datos terminológicos: TBX 67

3.3. La extracción automática de términos para crear
recursos terminológicos propios 69

3.4. *Humanterm*: un caso de trabajo colaborativo en la
creación de recursos terminológicos 74

Capítulo 4. Memorias de traducción para el ámbito migratorio 83

4.1. Funcionamiento de las memorias de traducción 85

4.2. El formato de intercambio de memorias de traducción: TMX 86

4.3. Las memorias de traducción en el ámbito de las migraciones .. 87

4.4. Creación y gestión de memorias de traducción *ad hoc* 90

4.5. Los derechos de propiedad de las memorias de traducción 97

Capítulo 5. Traducción automática y migraciones 103

5.1. La traducción automática de textos del ámbito migratorio ... 110

5.2. La posedición 112

5.3. Creencias populares y cuestiones éticas sobre la
traducción automática 117

Conclusiones. Hacia escenarios de traducción colaborativa en el trabajo humanitario 119

Referencias bibliográficas 123

Introducción

La migración es un fenómeno de alcance mundial que afecta directamente a la vida de unos 258 millones de personas en todo el mundo (UN DESA, 2022) y, de manera indirecta, millones más se ven afectados por los vínculos familiares, los intercambios económicos y las conexiones culturales que se establecen en el proceso migratorio. La migración es un poderoso impulsor del desarrollo sostenible no solo para los propios migrantes sino también para las comunidades en los países de origen, tránsito y destino. En este sentido, es importante recordar que las personas migrantes a menudo aportan beneficios significativos a sus nuevas comunidades en forma de capacidades, aumento de la fuerza laboral, inversiones y diversidad cultural. También desempeñan un papel en la mejora de las vidas de las comunidades en sus países de origen mediante la transferencia de capacidades y recursos financieros, lo que contribuye a logros positivos y al desarrollo. Sin embargo, si la migración está mal administrada puede tener un impacto negativo y poner en peligro a los migrantes, someter a tensiones a las comunidades y minimizar los beneficios en materia de desarrollo. Con un porcentaje estimado del 5,3% de población migrante en Europa, la integración de las personas migrantes y los refugiados sigue siendo un desafío tanto para las autoridades públicas como para las comunidades locales.

En este sentido, la Comisión Europea considera prioritaria la definición de una política común que complemente las de los Estados miembros en las áreas de empleo, los derechos fundamentales, la inclusión social, el diálogo intercultural y la igualdad de oportunidades, la salud o la educación, entre otros. Resulta sorprendente, sin embargo, ver cómo los mayores esfuerzos de integración, desde el punto de vista de la lengua, se dedican a su enseñanza y, a pesar de que la traducción y la interpretación son elementos clave para la integración, la atención que esta área de la migración suele recibir es escasa. En el caso de España, la situación es muy similar puesto que los instrumentos para la inserción se concentran en las áreas de educación, vivienda, residencia, empleo, sanidad y servicios sociales. Si analizamos como ejemplo el último plan de inmigración de la Comunidad de Madrid (Comunidad de Madrid, 2018) comprobamos que entre las acciones que se proponen no hay ninguna referencia a la traducción como medio facilitador de la integración de las personas migrantes. Entre los retos que se mencionan se incluyen, entre otros, el efecto de la globalización y su impacto en las actitudes de las personas, la influencia de las redes sociales a la hora de desdibujar las fronteras propiciando comunidades transnacionales en las que se fomenta la guerra y el terrorismo, o las consecuencias de la situación climática que empuja a millones de personas a dejar sus hogares. Sin embargo, no parece que la mediación entre diferentes culturas sea un problema cuando, en realidad, esta es una actividad transversal que está presente en todos los ámbitos del proceso migratorio, desde la acogida, los servicios sociales, hasta la sanidad y la educación. Para que se pueda dar una gestión adecuada de la migración, vemos que uno de los puntos clave es la comunicación multilingüe.

La integración de los inmigrantes ya establecidos -especialmente de las nuevas generaciones-, así como de los «recién llegados», como los refugiados y los solicitantes de asilo, constituye un serio reto para nuestras sociedades y, al mismo tiempo, una oportunidad única para mejorarlas en muchos aspectos. No obstante, existen obstáculos y escollos que hay que tener en cuenta y el idioma es uno de ellos. Desde el punto de vista de la Agenda 2030 «la migración no es un problema de desarrollo» que haya que resolver, sino un mecanismo que puede contribuir al logro de muchos de los objetivos de la propia Agenda 2030 (Foresti & Hagen-Zanker, 2017). Así lo manifiesta el Director General de la Organización Internacional para las Migraciones (OIM) cuando afirma lo siguiente:

> «La mayor parte de los procesos migratorios son seguros, legales y ordenados, y no sólo son procesos inevitables, sino también beneficiosos; las vidas de innumerables emigrantes, sus familias y sus comunidades de origen y de acogida mejoran gracias a la migración. Es decir, no debemos centrar los esfuerzos en tratar de detener la migración, sino más bien en crear condiciones en las que la migración sea una elección y no una necesidad de modo que esta tenga lugar mediante canales legales y actúe como catalizador del desarrollo».
>
> Lacy Swing (2017)

Ahora bien, la cuestión es ¿cómo podemos facilitar esta integración que, en una gran mayoría de casos, debe superar la barrera del idioma? La respuesta a esta pregunta no es sencilla. Es cierto que la propia ONU, en

su resolución 71/288 (Naciones Unidas, 2017) reconoce, al declarar el 30
de septiembre como Día Internacional de la Traducción, que el papel de
la traducción profesional, como oficio y como arte, es importante para
defender los propósitos y principios de la Carta de las Naciones Unidas,
acercar a las naciones, facilitar el diálogo, el entendimiento y la cooperación, contribuir al desarrollo y reforzar la paz y la seguridad mundiales.
Con todo, lo cierto es que los recursos disponibles para que esto sea así
son escasos y, en el ámbito de las migraciones, dependen de aportaciones
y trabajo voluntario en una gran mayoría de los casos. En general, son
las diferentes asociaciones de atención a las personas migrantes las que
ofrecen este tipo de servicios de mediación lingüística, pero con escasez de
recursos. Sin embargo, en la Sociedad de la Información, cuando el acceso
a la información a través de Internet es ya una realidad consolidada para
un alto porcentaje de la población, se impone el desarrollo de recursos
digitales que faciliten y flexibilicen la tarea de mediación intercultural.

La mediación intercultural —también llamada interpretación social o
interpretación en los servicios públicos (Valero Garcés & Dergam, 2003)
se define como «una modalidad de intervención de terceras partes, en y
sobre situaciones sociales de multiculturalidad significativa, orientada
hacia la consecución del reconocimiento del Otro y el acercamiento de las
partes, la comunicación y comprensión mutua, el aprendizaje y desarrollo
de la convivencia, la regulación de conflictos y la adecuación institucional, entre actores sociales o institucionales etnoculturalmente diferencia-
dos» (Giménez Romero, 1997, pp. 142). En la práctica del día a día, estas
terceras partes que menciona el autor se refieren tanto al traductor y al
intérprete profesionales que intervienen en los procesos comunicativos,
como a las personas, sean o no profesionales de la mediación, que asisten
a la comunidad migrante cuando no hay otra persona que pueda realizar
esta tarea (voluntarios, familiares, médicos, administrativos o abogados,
por citar algunos). En líneas generales, el papel del mediador intercultural
suele estar relacionado con el ámbito del trabajo social y se suele circuns-
cribir, por tanto, a la esfera de actuación de las ONG, los servicios sociales
de los ayuntamientos y las asociaciones de inmigrantes (Sales Salvador,
2005), sin una especial asignación de fondos públicos y privados y con
la casi total ausencia de herramientas que faciliten el trabajo diario del
traductor y del intérprete, cuando en realidad, la mediación intercultural

afecta de modo transversal a todos los ámbitos de la inmigración. En este sentido, el análisis que realizan Sales Salvador & Valero Garcés (2007) de los contextos de trabajo y la tipología textual revela una situación compleja y diversa en la que se observa la clara ausencia de herramientas de tipo profesional que puedan ayudar al traductor en su trabajo. Aquí es donde la tecnología puede aportar herramientas que permitan el acceso rápido a la información y doten a los textos de mayor calidad y coherencia. En este sentido, Valero Garcés (2009, pp. 63-69) apunta la falta de acceso a herramientas electrónicas y programas básicos de tratamiento de textos, junto a otras carencias en traducción, a las que podemos sumar la ausencia de un catálogo de herramientas similar al que existen en otros campos de especialidad: glosarios en línea, acceso a memorias de traducción, uso de programas de gestión terminológica o traducción automática.

Ante este panorama surge el siguiente planteamiento: si la tecnología es útil en otros campos de la traducción, ¿puede serlo también en el de la mediación intercultural? En otras palabras, si en campos de especialidad como la traducción técnica, económica o médica, el uso de herramientas como las memorias de traducción o los glosarios informatizados permite mejorar la calidad, coherencia y rapidez de entrega de los textos finales, parece razonable plantearse si podemos aplicar el mismo modelo al área de la migración. Se trata, en suma, de rentabilizar y aprovechar los recursos ya existentes en distintos organismos, renovándolos y adaptándolos a las nuevas necesidades lingüísticas.

Esta monografía pretende cubrir este espacio que queda abierto entre la tecnología de la traducción y la mediación intercultural en los procesos migratorios. El primer capítulo analiza el proceso migratorio desde el punto de vista de la tecnología de la traducción y explica cuáles son los principales recursos que la tecnología pone a disposición del traductor, apuntando en cada caso cómo pueden estas herramientas facilitar el trabajo del mediador intercultural. Se revisan las necesidades comunicativas de las personas migrantes en las diferentes etapas del proceso migratorio, desde el momento de la preparación del viaje hasta la llegada e integración a largo plazo. El segundo capítulo se enfoca en el uso de corpus digitales para la traducción en el ámbito migratorio, incluyendo cómo crear un corpus *ad hoc* y las herramientas para su explotación. En el tercer capítulo, exploro la gestión terminológica y los glosarios en el ámbito migratorio, incluyendo el formato de intercambio de datos terminológicos (TBX) y la extracción automática de términos. El cuarto capítulo se centra en las memorias de traducción, su funcionamiento, el formato de intercambio de memorias de traducción (TMX) y la creación y gestión de memorias de traducción *ad hoc*, incluyendo los derechos de propiedad de las mismas. Por último, el quinto capítulo aborda la traducción automática y su relación con las migraciones, incidiendo en las técnicas de posedición, así como en las cuestiones éticas más relevantes en este campo. En resumen, esta monografía proporciona una visión completa de la tecnología de la traducción en el ámbito migratorio y cómo esta puede ser una herramienta útil para mejorar la comunicación y el trabajo en el tercer sector.

Capítulo 1. Análisis del proceso migratorio desde el punto de vista de la tecnología de la traducción

1.1. Caracterización del tercer sector como marco conceptual de las migraciones

Tal como apunta el proyecto *Third Sector Impact,* la conceptualización de las organizaciones del tercer sector depende de dos dimensiones principales (Salamon & Sokolowski, 2016, p. 2). Por una parte, la dimensión filosófica relacionada con los conceptos de «privacidad» (las actividades que quedan fuera del control de los gobiernos), el «propósito público» (las actividades que no generan ganancias) y la «libre elección» (las actividades que se llevan a cabo de manera libre). Por otra parte, la dimensión operativa, relacionada con tres características clave, a saber:

a) La relativa institucionalización de las organizaciones (algunas de ellas, incluso, no están necesariamente registradas legalmente).

b) La limitación para distribuir entre sus equipos directivos, empleados o inversores cualquier excedente económico que se haya generado a partir de las actividades realizadas.

c) El autogobierno y autocontrol de sus propias políticas y transacciones.

Teniendo en cuenta esta caracterización, estos autores indican que la estimación del alcance y el impacto del tercer sector debe ir más allá de los criterios que tradicionalmente se emplean para medir los sectores comerciales, en los que se utilizan medidas como el valor monetario de la contribución del sector a la economía nacional o el número de organizaciones. Como resultado, la importancia del tercer sector se evalúa en los siguientes cinco aspectos:

a) El tamaño de la fuerza laboral del sector. De acuerdo con esta característica, el tercer sector está constituido por una fuerza laboral enorme. Tomando datos en Europa a modo de ejemplo, vemos que el tercer sector contrata a unos 28,3 millones de trabajadores equivalentes a tiempo completo (remunerados y no remunerados), justo por debajo de la industria manufacturera (32 millones de trabajadores) y el sector comercial (30,7 millones de trabajadores). La fuerza laboral del tercer sector representa el 13% de la fuerza laboral europea, es decir, es el tercer empleador más grande, dejando atrás a otros sectores, como la construcción, el transporte o las finanzas, que tradicionalmente atraen una mayor visibilidad y atención que el propio tercer sector.

b) La composición de su fuerza laboral. Los 28,3 millones de trabajadores equivalentes a tiempo completo en el tercer sector se distribuyen de la siguiente manera: el 55% son voluntarios y el 45% son empleados remunerados. Estos datos indican que la mano de obra voluntaria (15,5 millones de trabajadores) es más grande que cualquier industria europea.

c) El contenido de las actividades del tercer sector. Se identifican tres categorías clave: 1) las actividades con función de servicio, relacionadas con la salud, la educación, la protección del medio ambiente, el socorro en casos de desastre y el desarrollo económico (estas representan el 73%); 2) las actividades con función expresiva, que sirven como vehículos para dar expresión a diferentes intereses y valores en la cultura, la religión o la recreación (estas representan el 25%); 3) otras actividades, incluidas las fundaciones benéficas (2%). Esta distribución destaca la importancia del tercer sector no solo en términos económicos sino también en su función como actor social, cultural y político, con una contribución significativa para el bien común por parte de los proveedores de servicios.

d) La composición de sus ingresos. Contrariamente a la creencia común, la principal fuente de ingresos del tercer sector proviene de contribuciones privadas (57%), seguida del apoyo gubernamental (34%) en forma de subvenciones, contratos y reembolsos por servicios prestados en campos como la atención médica o la educación. Las contribuciones caritativas de individuos, fundaciones o corporaciones representan solo el 9% de los ingresos totales.

e) La composición institucional del tercer sector. La estructura del tercer sector por tipo de organización se compone, por una parte, de instituciones organizativas (68%), incluidas las instituciones sin fines de lucro, cooperativas y empresas sociales; y, por otra, de voluntariado de acción directa (32%). En este sentido, debemos tener en cuenta que si se incluyen los voluntarios que operan a través de organizaciones sin fines de lucro, la proporción total de voluntarios del empleo equivalente a tiempo completo total se situaría en el 55%.

Para completar la imagen del tercer sector, también debemos analizar las barreras comunes a las que se enfrentan estas organizaciones. Según apuntan Zimmer & Pahl (2016), las organizaciones del tercer sector se mueven en un entorno cada vez más hostil donde las fuerzas del neoliberalismo afectan de modo importante a sus actividades. Las presiones del mercado, junto con las nociones de eficiencia, elección del consumidor y eficiencia de costes son solo algunas de las fuerzas que limitan el sector. Esto se traduce en instrumentos de mercado que se aplican para perseguir objetivos sociales, la privatización de las tareas públicas y la adopción de instrumentos de gestión que se implantan en el tercer sector a imitación del sector privado. Como resultado, las organizaciones se encuentran compitiendo entre sí y con los proveedores comerciales por las ofertas de licitación y por la atención de los ciudadanos que, como consumidores, «compran» el servicio en el mercado social. Esta mercantilización de las políticas sociales viene acompañada de una regulación rígida sobre la transparencia y la rentabilidad que conduce a mayores obligaciones de información y a una mayor burocracia, en una tensión permanente no solo hacia las autoridades públicas sino también hacia los donantes privados. La burocratización afecta a los métodos de financiación, la medición del rendimiento y la gestión del personal. Asociado a esta comercialización, está el hecho de que los lazos entre los ciudadanos voluntarios y las organizaciones se están erosionando para que el compromiso con una organización en particular responda más a un objetivo personal. Así, las organizaciones del tercer sector se ven forzadas a encontrar formas de administrar sus voluntarios e invertir recursos para "vender" su imagen en el mercado del tercer sector, por así decirlo. Como discutiré más adelante, esto tiene un impacto directo en las estrategias multilingües de las organizaciones que operan en el tercer sector, especialmente en lo que se refiere a la comunicación con sus donantes. Y todavía hay un obstáculo adicional: el de la escasez de recursos. La combinación de la presión por reducir los costes junto a las presiones por alcanzar una mayor eficiencia hace que las organizaciones del tercer sector «se enfrenten a intervalos de planificación cortos y, a menudo, carecen de los recursos para invertir en infraestructuras sostenibles» (Zimmer & Pahl, 2016, p. 9). Una vez más, este es un aspecto que tiene consecuencias directas en la incorporación de la tecnología de la traducción en estas organizaciones, incluso cuando esta podría ser reconocida como un recurso imprescindible.

1.2. El proceso migratorio y las necesidades comunicativas de las personas migrantes

Cuando una persona decide dejar su país y enfrentarse a un proceso migratorio, son muchas las etapas por las que debe pasar y en todas ellas la comunicación es esencial. Si miramos en detalle las fases de este proceso podemos ver la importancia que tiene esa comunicación (bien sea como acceso a contenidos informativos o como intercambio de conocimiento). De manera general, podemos enumerar las siguientes fases (Benton & Glennie, 2016, pp. 3-5):

1. Preparación del viaje y planificación de la ruta.
2. Tránsito (y respuesta de emergencia): información sobre aspectos de seguridad, sobre el propio viaje, salud, voluntariado, identificación personal.
3. Llegada inicial y orientación: acceso a los servicios específicos para personas migrantes, alojamiento y vivienda, salud física y mental, aspectos económicos y acceso a ayudas y subsidios, reconocimiento de formación y experiencia acreditada, aprendizaje del idioma, acceso a los servicios educativos, empleo.
4. Integración a largo plazo: establecimiento de lazos sólidos con las comunidades de acogida, vivienda, empleo, educación.

En todas estas fases, el acceso a la información es clave y es muy raro que se cuente con una traducción adecuada y accesible que permita a la persona migrante adquirir los conocimientos que necesita. Es cierto que en algunas ocasiones se cuenta con la asistencia de traductores e intérpretes voluntarios en algunos puntos del proceso migratorio, pero, aunque los recientes desarrollos de las tecnologías de la información han revolucionado las formas en que se maneja la información y se establece la comunicación, casi ninguno de estos avances ha permeado en la traducción sin ánimo de lucro.

El problema es que no existen recursos a gran escala que sean fácilmente accesibles y se puedan compartir (me refiero, por ejemplo, a bases de datos de memorias de traducción, a bases de datos terminológicas o a corpus de traducciones) y los profesionales que trabajan con las personas migrantes en contextos multilingües se ven obligados, en última instancia, a crear sus propios materiales *ad hoc*, muchos de los cuales permanecen sin revelar en forma de fichas terminológicas escritas a mano o memorias de traducción almacenadas en sus propios ordenadores. Salvo algunas excepciones (como sería, por ejemplo, el caso de la organización *Translators without borders*), no es fácil encontrar corpus de referencia, iniciativas públicas de intercambio de datos o experiencias de colaboración en este contexto. Por decirlo claramente, los recursos electrónicos de apoyo a la traducción en los contextos sin ánimo de lucro siguen sin desarrollarse. En el caso del trabajo humanitario que llevan a cabo los traductores voluntarios, la situación es bastante compleja por varias razones. En primer lugar, las personas necesitadas de ayuda humanitaria se encuentran en condiciones precarias que las incapacitan para encontrar soluciones por sí mismas. En segundo lugar, como el Estado al que pertenecen suele ser incapaz de proporcionar la asistencia necesaria, la ayuda procede de agentes externos que pueden hablar un idioma diferente. En consecuencia, el papel del traductor e intérprete cobra relevancia, transformándose en una piedra angular para facilitar la comunicación. En este contexto, hay una serie de factores que debemos tener en cuenta:

1. Los diferentes agentes implicados en la mediación. El trabajo lo realizan en su mayoría voluntarios que carecen de formación específica (por ejemplo, miembros de la familia, médicos, abogados o cualquier otra persona que participe en el proceso comunicativo). Como veremos más adelante, la traducción ejercida por profesionales es poco frecuente en estos contextos, principalmente debido a las restricciones presupuestarias. Por lo general, la información que podría ser fundamental para salvar una vida queda atrapada en un idioma diferente al que habla la persona que recibe la asistencia (normalmente, el inglés).

2. La tipología de textos que se traducen. Existe una gran cantidad de materiales que deben traducirse en el contexto migratorio, desde folletos de información y guías de servicios hasta documentación y formularios oficiales, todos con sus particularidades, normas y requisitos. Si tomamos como ejemplo el área de la administración pública encontramos una gran variedad de textos que lingüísticamente se mueven entre las fronteras de lo jurídico y lo administrativo. Es cierto que se consideran dentro del campo administrativo porque es precisamente la administración quien los suministra, pero, en muchos de sus apartados, están formulados con lenguaje jurídico. Esto tiene implicaciones no solo desde el punto de vista léxico y terminológico sino también en cuanto a su redacción (El-Madkouri Maataoui, 2016, pp. 141-143). Así, los textos administrativos incluyen, entre otros, textos legislativos, circulares interinstitucionales, solicitudes e instancias y respuestas administrativas.

3. Los materiales de referencia que se emplean como consulta durante el proceso de traducción. Mientras que, en otros ámbitos de la traducción especializada, los recursos electrónicos y los materiales de referencia son la norma, en el ámbito de la ayuda humanitaria, estos son escasos y, por lo general, se suelen encontrar en formato impreso, lo que restringe un acceso rápido y fácil a la información clave. Incluso los recursos básicos, como los corpus bilingües, los glosarios en línea y las memorias de traducción, rara vez se encuentran de modo fácil y disponibles públicamente.

4. Las limitaciones presupuestarias. La financiación pública y privada de la traducción también es insuficiente. En general, el papel del traductor —y el del intérprete— se asocia a los servicios sociales y a las ONG, y se tiende a suponer que las actividades relacionadas con las ONG, en su mayor parte, no se ven afectadas por situaciones lingüísticas, ya que, al fin y al cabo, "todo el mundo habla inglés" (Footitt & Crack, 2018). El resultado es la asignación de fondos limitados (o nulos) a las tareas de traducción. En este contexto, resulta paradójico comprobar que casi ninguno de los recientes avances que la tecnología ofrece al traductor (es decir, glosarios en línea, traducción automática, bases de datos terminológicas, memorias de traducción) ha entrado en el campo de la traducción en contextos humanitarios. Gracias a los diversos servicios

que permiten la comunicación entre idiomas, la tecnología de la traducción asistida no ha dejado de desarrollarse y sus innovaciones han tenido un enorme impacto económico, aunque en el sector de la ayuda humanitaria, esto no ha tenido gran repercusión. Es cierto que muchas veces las condiciones de trabajo y las características del contenido que se va a traducir impiden que se aplique la tecnología como ocurre, por ejemplo, cuando la traducción se refiere a documentos escritos a mano que posteriormente se han escaneado o fotocopias de certificados que resultan casi ilegibles (de las Heras, 2022). No obstante, en aquellos casos en los que sí se podría implementar parece que la falta de presupuesto impide que haya recursos específicos en este campo.

1.3. Tipología de herramientas de traducción

La tecnología de la traducción (TAO) es una pieza clave del proceso de traducción y resulta innegable que permite afrontar las diferentes tareas con mayor agilidad y garantía de éxito. En primer lugar, mejora enormemente la velocidad y la eficacia de la traducción y, además, las nuevas soluciones tecnológicas han permitido nuevas formas de gestión, comunicación y colaboración en el sector. El crecimiento de las herramientas TAO ha sido realmente innovador para los traductores, que gracias a ellas pueden crear fácilmente sus propias colecciones de traducciones almacenadas para reutilizarlas posteriormente en su trabajo o incluso compartirlas.

Según Alcina (2020), los sistemas de traducción asistida se pueden clasificar en cinco grandes bloques:

1. El equipo informático
2. Las herramientas de documentación y comunicación
3. La edición de textos y la maquetación
4. Las herramientas y recursos lingüísticos
5. Las herramientas y recursos de traducción

Según esta clasificación, los sistemas de traducción asistida comprenden una serie de aplicaciones y programas que pueden estar relacionados o no directamente con la actividad de traducción y su proceso. En este sentido, algunos autores se refieren a todo este conjunto de herramientas como «la estación de trabajo del traductor» (Vargas Sierra & Ramírez Polo, 2011), aunque, desde otra perspectiva más reduccionista, el término en su sentido más estricto se utiliza como sinónimo de las memorias de traducción. En todo caso, es importante recordar que la tecnología de traducción es ahora un campo maduro, bien establecido desde un punto de vista académico, en áreas de investigación y desarrollo, y profundamente arraigado en una industria orientada a los negocios. Su progreso está definitivamente emparejado con el de los ordenadores, demostrando una alta capacidad de innovación: cada vez que un nuevo avance entra en el campo de la tecnología, el sector de la traducción responde rápidamente a los desafíos (pensemos, por ejemplo, en cómo la traducción automática ha ido evolucionando desde los primeros programas desarrollados en la década de los 50 del siglo XX hasta los últimos avances en tecnología neuronal). Esto ha tenido un efecto directo en la configuración del aspecto más comercial de la traducción, no solo en el uso de herramientas y recursos específicos, sino también en los procesos y flujos de trabajo. Además, a medida que el contenido escrito abandonaba progresivamente el ámbito del papel y entraba en el mundo digital, los desarrollos de la TAO progresaban de modo acorde. En los siguientes apartados muestro los principales recursos y herramientas TAO siguiendo la clasificación propuesta por Massardo et al (2016).

1.3.1. Los corpus como herramienta de ayuda a la traducción

Un corpus es una colección amplia y estructurada de ejemplos reales de uso de la lengua. Esta colección puede ser de textos escritos o muestras orales y recoger materiales en una o varias lenguas en un momento determinado del tiempo o a lo largo de un periodo concreto. Al contener material textual «en bruto» sobre el uso real de la lengua, los corpus nos permiten diferentes formas de análisis. Por ejemplo, desde un punto de vista lexicográfico podríamos preparar un diccionario con contexto de uso, seleccionando las palabras dentro del propio corpus. En el caso de la traducción, un corpus nos permite identificar palabras y frases en contexto para comprobar hasta qué punto nuestras intuiciones sobre el uso de la lengua son correctas. Al tener acceso a textos reales, podemos contrastar fácilmente nuestras propuestas de traducción con estos textos (Sánchez Ramos, 2019).

Como veremos en el capítulo 2, según la combinación de idiomas, los corpus pueden ser monolingües, bilingües o multilingües. Los más interesantes desde el punto de vista de la traducción son los corpus bilingües puesto que contienen conjuntos de textos y sus traducciones, lo que nos permite ver ejemplos de traducción concretos. Además, los corpus bilingües pueden estar alineados, es decir, indican las correspondencias entre pares de frases traducidas. En este caso, el acceso a la traducción es mucho más sencillo. En el capítulo 4 mostraré cómo los corpus alineados nos sirven también para crear nuestras memorias de traducción.

Los corpus más fiables son los que crean las instituciones oficiales, las universidades o los equipos de investigación a través de proyectos específicos. El acceso a estos corpus se hace a través de enlaces a las propias instituciones como las siguientes:

a) Corpus de Referencia del Español Actual (CREA): http://corpus.rae.es/creanet.html

b) Corpus Diacrónico del Español (CORDE): http://corpus.rae.es/cordenet.html

c) British National Corpus: https://www.english-corpora.org/bnc/

También hay catálogos que dan acceso a todo tipo de corpus, como es el caso del ELRA *Catalogue of Language Resources*[1]. En el caso de la Unión Europea, la Dirección General de Traducción (DGT) da acceso a todo el corpus de traducciones de textos legales que se han realizado desde 2007[2]. En el capítulo 2 presentaré cómo puede aprovecharse todo el potencial de los corpus en el ámbito migratorio y en el capítulo 4 veremos cómo se puede acceder a estos corpus y reutilizarlos para crear nuestras propias memorias de traducción

1.3.2. Los sistemas de gestión terminológica

Una herramienta de gestión de terminología es una base de datos de búsqueda que contiene una lista de términos aprobados, con reglas y anotaciones con respecto a su uso. El traductor puede, por lo tanto, organizar

---

1 *ELRA Catalogue of Language Resources*: http://catalogue.elra.info/en-us/
2 https://ec.europa.eu/jrc/en/language-technologies/dgt-translation-memory

los términos de acuerdo con diferentes criterios (cliente, proyecto, texto, campo, etc.) para que puedan recuperarse de acuerdo con las necesidades específicas, asegurando un uso consistente y produciendo una salida estandarizada. Junto con la función de recuperación, las herramientas terminológicas suelen incorporar la posibilidad de identificar automáticamente (y extraer) términos relevantes en un texto, lo que es una forma efectiva de crear glosarios de traducción. En cuanto a las bases de datos terminológicas, estas almacenan datos terminológicos generalmente en ubicaciones de almacenamiento central desde las cuales los usuarios pueden buscar en las bases de datos y recuperar cualquier información terminológica: el término, sus traducciones en varios idiomas, información descriptiva sobre el concepto, su uso, etc.

En primer lugar, definimos un término como «una unidad formada por un concepto y su denominación» y terminología, como «la estructura del conocimiento en sistemas conceptuales que dotan a cada concepto de una denominación con el objetivo de establecer una comunicación inequívoca entre los expertos» (Durán-Muñoz, 2012, p. 77). Estas definiciones son importantes porque nos ayudan a comprender cómo son y cómo funcionan los sistemas de gestión terminológica. Las bases de datos terminológicas son recopilaciones de términos presentadas en un formato informático de manera sistematizada por campos de especialidad. Gracias a estos sistemas, las consultas a las bases de datos se pueden hacer de manera rápida. Simplemente escribimos en la caja de búsqueda el término que queremos, elegimos la combinación de idiomas y obtendremos la información. Esta puede estar estructurada de manera diferente, según se haya diseñado la ficha terminológica y los campos que la componen. La utilidad de este tipo de bases de datos terminológicas queda patente cuando las combinamos con las memorias de traducción ya que así conseguimos integrar en nuestro escritorio un entorno de trabajo específico para mejorar nuestro rendimiento a la hora de traducir. En este sentido, podemos decir que el trabajo de traducción está supeditado casi en su totalidad al uso de la tecnología y las herramientas informáticas y que, por tanto, es imprescindible conocer estas herramientas que nos permiten registrar, almacenar y reutilizar información. Es cierto que nosotros mismos podemos crear nuestras propias bases de datos terminológicas o, incluso, usar listas de vocabulario en Word o en Excel, pero este modo de recopilar la información no deja de ser algo muy rudimentario en comparación con el tipo de registro terminológico que se lleva a cabo por parte de los terminólogos.

Un buen profesional de la traducción debe trabajar con modelos sistemáticos y recursos técnicos que garanticen un resultado de calidad. Obviamente, no siempre es posible dedicar nuestro tiempo al registro terminológico riguroso, mediante fichas completas y exhaustivas. En estos casos, lo ideal es recurrir a las bases de datos terminológicas que están avaladas por expertos y nos pueden dar soluciones de traducción de un modo rápido y sencillo. Es cierto que el perfil del traductor debería combinar tanto las técnicas propias de la traducción como las de la terminología, pero, debido al gran volumen de trabajo que podemos llegar a tener, no siempre se consiguen ambas. El resultado es que el registro de los términos se suele dejar como una tarea auxiliar que nunca llega a completarse del todo. En la práctica, la creación de una base de datos terminológica es una tarea compleja que requiere mucho tiempo y dedicación, pero que compensa el esfuerzo puesto que nos permite dotar al texto traducido de coherencia y uniformidad, uno de los principales parámetros de calidad de una traducción. De hecho, la incorporación de una base de datos a las herramientas de traducción asistida agiliza el proceso de toma de decisiones a la vez que garantiza esa coherencia. En el capítulo 3 veremos en profundidad los diferentes aspectos de las bases de datos terminológicas.

1.3.3. Las memorias de traducción

Las memorias de traducción son bases de datos en las que se almacenan textos traducidos previamente junto a sus correspondientes textos originales. Ambos textos, es decir, el original y la traducción se registran en unidades de traducción. Estas unidades de traducción son segmentos que corresponden a pares de frases traducidas, aunque también pueden ser elementos menores a una frase como el texto que aparece en las celdas de una tabla o las palabras de una lista. Todos estos segmentos se consideran unidades de traducción. Las herramientas de memoria de traducción suelen incorporar recursos adicionales para ayudar al proceso de traducción: gestión de glosarios, recursos de conversión de múltiples formatos, protección de diseño, recuento de palabras, estadísticas de trabajo, garantía de calidad e integración con motores de traducción automática.

La utilidad de las memorias de traducción se basa en el hecho de que muchos de los textos que tenemos que traducir son versiones de textos anteriores que, por tanto, contienen frases repetidas. Esto ocurre, por ejemplo, en la documentación sobre diferentes versiones de un mismo producto que, en ocasiones, pueden suponer hasta el 50% de texto repetido. Si todo este texto ya se ha traducido previamente y ha quedado almacenado en la memoria de traducción, es fácil recuperarlo para traducciones posteriores y «reciclarlo» a la hora de hacer una nueva traducción. Cuando esto ocurre, la memoria de traducción compara el nuevo texto que se debe traducir con la base de datos en la que están almacenadas las traducciones previas y recupera las unidades de traducción similares. Esto nos permite reutilizar para nuestras traducciones esta información que se ha guardado en la base de datos. En el capítulo 4 analizaremos las posibilidades que ofrecen las memorias de traducción en el ámbito migratorio.

1.3.4. La traducción automática

La traducción automática (TA) es, por su propia definición, aquella que se genera automáticamente sin ningún tipo de intervención humana, es decir, quien traduce es el ordenador, que mediante una serie de algoritmos internos[3], produce la traducción de un texto original. A pesar de cierta mala fama entre algunos sectores de la traducción, la TA es ya una herramienta útil. Si bien es cierto que esta tecnología no reemplaza al traductor humano, sí ocupa un lugar destacado en el mundo de la traducción profesional. Una de las características de la TA es también su interdisciplinariedad, como así indica Quah (2006, 57) en su definición:

> [MT] is an interdisciplinary enterprise that combines a number of fields of study such as lexicography, linguistics, computational linguistics, computer science and language engineering [...]. It is based on the hypothesis that natural languages can be fully described, controlled and mathematically coded [...].

---

3   Un algoritmo es una serie ordenada de instrucciones de programación que permiten al ordenador realizar una función determinada. En el caso de la traducción automática, el algoritmo se refiere a las instrucciones para que el ordenador traduzca.

Los recientes avances en la traducción automática neuronal han posicionado esta tecnología en el centro del proceso de traducción. Apenas unos pocos años de investigación en motores neuronales ya han eclipsado alrededor de dos décadas de trabajo de traducción automática estadística, y la industria sin duda se está uniendo a la tendencia (Slator, 2018). Si bien el debate sobre el papel del traductor sigue abierto, muchos proveedores de traducción ya están aprovechando esta tecnología que les permite traducir textos automáticamente sin intervención humana. Aunque con un componente lingüístico, la TA bebe de disciplinas más técnicas como la lingüística computacional, la estadística o la inteligencia artificial. De hecho, la TA nació gracias a la investigación y el esfuerzo de científicos —ingenieros, lingüistas e informáticos—, que aunaron su trabajo para conseguir un proyecto, sin duda ambicioso donde los haya, como es la traducción entre distintas lenguas sin la intervención humana. Sin ánimo de ser reduccionistas, podemos afirmar que la TA consiste en la traducción de una lengua a otra mediante un programa de software, que es, al fin y al cabo, quien realiza la tarea sin la necesidad de que una persona (el traductor) participe en el proceso. No obstante, este proceso, aparentemente sencillo, implica varias operaciones que van más allá de la simple sustitución de las palabras en una lengua por palabras en otra. En el capítulo 5 veremos en detalle el funcionamiento de los diferentes sistemas de TA.

1.3.5. Herramientas auxiliares de apoyo a la traducción

Podemos considerar que las cuatro herramientas TAO descritas en el apartado anterior son el apoyo clave en el proceso de traducción puesto que facilitan el trabajo en los aspectos más relevantes de la tarea traductora, esto es, la fase de documentación y la fase de traducción. Junto a estas herramientas, existen otras que se utilizan de manera un tanto auxiliar en los procesos complementarios a la traducción. Se trata de las siguientes:

a) *Herramientas de posedición*. La posedición es una tarea que está directamente vinculada al uso de los programas de traducción automática. Se define como «el proceso de mejorar una traducción generada por la máquina con un mínimo de trabajo manual» (O'Brien, 2010) y es una práctica común que permite una respuesta rápida y efectiva a la demanda continua de traducción. Las herramientas de posedición suelen incorporarse como parte del entorno de traducción y permiten trabajar con textos segmentados en unidades de traducción de modo que se muestra el texto origen junto al traducido automáticamente en ventanas separadas.

b) *Plataformas para la gestión de las traducciones*. Desde un punto de vista estricto, estas no son herramientas de traducción *per se*, pero su uso es crucial para eliminar las tareas manuales en la gestión de proyectos y controlar todas las tareas asociadas del flujo de trabajo de traducción, desde el análisis de archivos hasta la facturación. Se trata de tareas como las siguientes: la gestión de clientes, la asignación de roles y plazos, el control de costes, la distribución de la carga de trabajo entre el equipo de traducción y la definición de los parámetros de calidad dentro de un proyecto.

c) *Plataformas de traducción colaborativa*. Estas plataformas de traducción permiten la gestión de comunidades de usuarios que trabajan en una red colaborativa en un proyecto de traducción común. En este sentido, es importante señalar cómo las empresas con fines de lucro han aprendido que involucrar a las comunidades de usuarios y explotar las enormes cantidades de información y energía presentes en ellas «es esencial para mantener sus propios productos adecuados y, al mismo tiempo, ganar la lealtad del cliente» (Massardo et al, 2016, p. 23).

d) *Aplicaciones móviles para la traducción*. El creciente uso de los teléfonos inteligentes y las tabletas también ha hecho su entrada en la industria de la traducción y muchos proveedores de servicios lingüísticos ofrecen traducción a través de sus aplicaciones. Estos identifican automáticamente el contenido traducible, lo cargan en el sistema de traducción y lo sincronizan constantemente con la propia aplicación.

e) *Middleware*. Este tipo de herramientas consiste en «un conjunto de conectores que proporcionan servicios para la integración de sistemas de gestión de contenidos y plataformas de gestión de traducciones» (Massardo, 2016, p. 25). Estos conectores permiten enlazar y gestionar el contenido de un sistema a otro y suponen una forma fluida de establecer una interacción directa entre diferentes aplicaciones a través de servicios web. Es el método más común para que los clientes de traducción integren su propio sistema con el sistema de su proveedor.

f) *Herramientas de control de la calidad.* Estas son clave para los traductores ya que les permiten comparar segmentos de origen y destino e identificar posibles errores: formato, gramática, ortografía, formato, segmentos no traducidos, omisión, uso de terminología, etc.

g) *Software de subtítulos de audio y vídeo.* Estas herramientas específicas de la traducción audiovisual permiten la manipulación digital de vídeos para que se añada texto a una secuencia. Los subtituladores pueden, por lo tanto, realizar la tarea en una sola pantalla y supervisar la velocidad y la longitud de los subtítulos.

En general, lo que vemos aquí es un espléndido panorama en el que las empresas de traducción incorporan de forma fluida y progresiva los avances que la tecnología les ofrece, obteniendo una ventaja competitiva en la oferta de servicios a sus clientes. Convierten las ganancias de productividad en reducción de costes generales y aumento de la velocidad de ejecución del proyecto. Además, cuando las comunidades de usuarios están disponibles, las empresas las reconocen como importantes fuentes de conocimiento e implementan herramientas para poner en práctica su experiencia y retroalimentación. Como veremos a lo largo de los diferentes capítulos que componen esta monografía, el tercer sector social (y más concretamente el área de las migraciones) solo ha adoptado parcialmente algunos de estos avances y todavía hay mucho margen de mejora.

Para concluir este apartado sobre los tipos de herramientas de ayuda a la traducción conviene hacer referencia al portal de la Unión Europea *Connecting Europe Language Tools,* en el marco del programa Tecnologías de la lengua para la Europa digital[4]. En su misión en apoyo del multilingüismo en tanto que parte esencial de nuestras vidas, este portal tiene como objetivo contribuir a una comunicación transfronteriza fluida. Por esta razón, el catálogo de servicios incluye una amplia gama de herramientas y servicios cuyo objetivo es contribuir a superar las barreras lingüísticas y apoyar las necesidades multilingües de los ciudadanos. Las herramientas disponibles en este portal son las siguientes:

---

4 Connecting Europe Language Tools: https://language-tools.ec.europa.eu/

a) Servicio de traducción automática *eTranslation*. El servicio *eTranslation* ofrece la posibilidad de traducir documentos formateados y en texto plano entre cualquier par de lenguas oficiales de la UE, así como el islandés, el noruego y el ruso, conservando en la medida de lo posible la estructura y el formato de dichos documentos. *eTranslation* se basa en el anterior servicio de traducción automática de la Comisión Europea, MT@EC, desarrollado por la Dirección General de Traducción en el marco del programa Soluciones de Interoperabilidad para las Administraciones Públicas Europeas. MT@EC se basaba en el conjunto de herramientas de traducción de código abierto MOSES, un sistema de traducción automática estadístico desarrollado con cofinanciación de los programas de investigación e innovación de la UE. Por su parte *eTranslation* se ha desarrollado con tecnología neuronal. Ambos sistemas se entrenan utilizando las memorias de traducción de Euramis (Theologitis, 1997), que comprenden más de mil millones de frases en las 24 lenguas oficiales de la UE, producidas por los traductores de las instituciones comunitarias en las últimas décadas.

b) Herramientas para el reconocimiento de voz. Se trata de un servicio que convierte archivos de audio o vídeo en texto. Actualmente es compatible con el inglés. Se ofrece como parte de la plataforma *eTranslation* y puede ser utilizado por los usuarios que reúnen los requisitos de *eTranslation*, es decir, las instituciones de la UE, las administraciones públicas de los países afiliados al programa *Connecting Europe Facility* (CEF) y las PYME europeas.

c) Traductor automático para contenido de redes sociales. El traductor de redes sociales del CEF es un servicio que facilita la publicación de tuits en las lenguas de la UE. El usuario puede escribir un tuit en su idioma preferido y luego traducirlo. A continuación, puede tuitearlo directamente desde la interfaz utilizando su propia cuenta de Twitter registrada.

d) Acceso a IATE, la base de datos terminológica de la Unión Europea. Se utiliza en las instituciones y agencias de la UE desde el verano de 2004 para la recogida, difusión y gestión de la terminología específica de la UE. El proyecto se puso en marcha en 1999 con el objetivo de proporcionar una infraestructura basada en la web para todos los recursos terminológicos de la UE y que mejorase la disponibilidad y la normalización de la información.

e) Repositorio de colecciones de datos ELRC-SHARE. Se trata de un repositorio que se utiliza para documentar, almacenar, navegar y acceder a los recursos lingüísticos que se recogen y que se consideran útiles para alimentar la plataforma *eTranslation*.

1.4. La tecnología de la traducción en la cadena de ayuda humanitaria

La discusión sobre el papel que desempeña la tecnología de la traducción en el tercer sector necesariamente debe ubicarse en el marco de los estudios de traducción y, específicamente, en consonancia con los trabajos desarrollados por Tesseur (2018 y 2022). A partir del reconocimiento, como ya he apuntado, de que las organizaciones no gubernamentales (ONG) son actores poderosos en el ámbito internacional, Tesseur argumenta por qué es necesaria la investigación sobre la traducción en las ONG. El amplio alcance del trabajo que llevan a cabo las ONG va más allá de las fronteras lingüísticas y nacionales y brinda asistencia a personas en una multiplicidad de situaciones (migrantes, refugiados, solicitantes de asilo, comunidades locales, ya sea en situaciones de crisis o no) y en contextos altamente multilingües. Sin embargo, el estudio de las políticas de traducción en estos entornos se ha pasado por alto en gran medida. Es cierto que la asunción de las prácticas de las ONG en asociación con el voluntariado ha producido estudios relevantes en el campo del activismo de la traducción, pero la consideración de las ONG desde una perspectiva institucional carece de un enfoque sistemático, sin mencionar el hecho de que «los idiomas y la traducción apenas aparecen en la bibliografía general sobre la gestión organizacional de las ONG» (Tesseur, 2018, p. 5). A este respecto, y teniendo en cuenta la riqueza de conocimientos especializados que las ONG deben compartir con la comunidad internacional, se identifican tres lagunas principales. En primer lugar, las ONG desempeñan un papel importante en el empleo de la tecnología para la comunicación, la creación de redes y el intercambio de conocimientos e información, pero, sorprendentemente, las transformaciones que la tecnología ha traído a la profesión de la traducción no se han materializado en este sector. En segundo lugar, los problemas lingüísticos (y, en consecuencia, la traducción) están ausentes de los Objetivos de Desarrollo Sostenible de las Naciones Unidas, incluso si «poner a los más vulnerables en primer lugar y no dejar a nadie atrás» (Naciones Unidas, 2015) implica necesariamente la comunicación en diferentes idiomas. En tercer lugar, los estudios de traducción pueden contribuir definitivamente a esbozar un marco que tenga en cuenta los aspectos multilingües y multiculturales de las diferentes partes interesadas de las ONG (donantes, ONG, socios locales y beneficiarios).

En este marco, y con el objetivo de dibujar una imagen completa del lugar que se asigna a la tecnología de traducción en la cadena de ayuda, examino a continuación el concepto de «zonas de contacto» y las prácticas de mediación lingüística que las caracterizan (Delgado Luchner, 2018). Las zonas de contacto se definen como los espacios entre los diferentes nodos de la cadena de ayuda, es decir, entre los cuatro actores principales que la componen, esto es, donantes, ONG, socios locales y beneficiarios. Esta organización revela la cadena de ayuda como una «cadena de comunicación multilingüe» donde los espacios entre los nodos representan las diferentes dependencias multilingües que se dan entre ellos. A partir de la afirmación de que estas zonas de contacto dan forma a las decisiones sobre el uso del lenguaje, Delgado Luchner (2018) sugiere que los actores de las ONG «gestionan el multilingüismo de manera diferente en diferentes etapas de la cadena de ayuda», con prácticas de traducción que van desde el trabajo realizado por traductores profesionales hasta estrategias *ad hoc* que dependen del personal bilingüe y los voluntarios. A continuación, se identifican cuatro zonas de contacto:

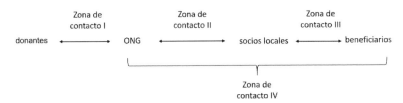

Figura 1. La cadena de ayuda y las zonas de contacto.
Fuente: adaptado de Delgado Luchner (2018)

La zona de contacto I establece una interdependencia entre los donantes y la ONG, la zona II entre esta y el socio local, la zona III entre este y los beneficiarios finales de la ayuda, y la zona IV entre los beneficiarios y la ONG. Teniendo en cuenta estos cuatro escenarios, revisaré a continuación el lugar que ocupa la tecnología de la traducción en cada uno de ellos.

1.4.1. La zona de contacto I: donantes y ONG

La interacción con los donantes y el público general es uno de los principales desafíos a los que se enfrentan las ONG cuando compiten por la atención de los ciudadanos en el mercado social. También existen algunas otras fuerzas que afectan a las organizaciones, a saber, una regulación rígida sobre la transparencia, el aumento de las obligaciones de presentación de informes, una mayor burocracia y la escasez de recursos para invertir en infraestructura. El impacto que estas cuestiones tienen en la integración de la tecnología de la traducción en las zonas de contacto I se ve mejor a la luz del análisis de cómo las ONG gestionan el contenido, los flujos de información y la traducción al dirigirse a sus donantes. Con este fin, una revisión de la bibliografía más reciente sobre el tema revela algunos ejemplos significativos como son los de *Oxfam*, *Amnistía Internacional* y *Cochrane*.

El caso de *Oxfam* se describe en el trabajo de Sanz Martins (2018), quien identifica las necesidades de traducción de acuerdo con cinco áreas de trabajo:

1. La acción humanitaria, que engloba la producción de kits de herramientas, el material de aprendizaje electrónico y las pautas de trabajo. Todos estos materiales deben compartirse con el personal local, otras ONG afiliadas, los gobiernos locales y los beneficiarios de la ayuda.
2. Los programas de desarrollo, incluidos los informes de proyectos, las revisiones del impacto de cada programa y los módulos de capacitación.
3. Las campañas, que se refieren a los documentos de políticas e investigación, los comunicados de prensa, los vídeos y el contenido de redes sociales.
4. Las comunicaciones con el personal en forma de videos y materiales de apoyo.

5. La comunicación comercial como, por ejemplo, la recaudación de fondos, la gestión financiera y los recursos humanos, que involucran códigos de conducta, documentos legales y apelaciones por parte de los donantes.

La traducción de este contenido está gestionada por un equipo de traductores especializado con el objetivo de «garantizar que Oxfam GB se comunique eficazmente con un público interno y externo multilingüe y multicultural» (Sanz Martins, 2018, p. 110). Este equipo está estratégicamente organizado bajo la figura de un gerente de traducción sénior y un coordinador de traducciones sénior, con dos traductores internos. Juntos, y con la ayuda de un grupo de traductores independientes externos, se ocupan de más de 2 millones de palabras traducidas por año, que cubren el inglés, el francés, el español, el árabe y el portugués. Este trabajo está respaldado por la tecnología de la traducción en la creación y actualización de glosarios, bases de datos terminológicas y las memorias de traducción. No es de extrañar que los dos desafíos identificados por Sanz Martins (2018) sean los que afectan específicamente a la implementación (y actualización) del software de traducción. Estos son, por un lado, la financiación restringida y, por otro, la necesidad de mantenerse al día con la industria de la traducción. Estos dos aspectos están estrechamente relacionados y requieren algún tipo de inversión.

En el caso de *Amnistía Internacional* es su Centro de Recursos Lingüísticos (LRC) quien coordina los encargos de traducción (Combeaud Bonallack, 2018). Gracias a la gestión centralizada del LRC, *Amnistía Internacional* se asegura de que toda la comunicación multilingüe de la organización responda a unos criterios operativos comunes. Las funciones principales del LRC son la dirección operativa, la planificación y coordinación, y la dirección estratégica. La traducción se lleva a cabo en el equipo que coordina el Área de Operaciones, con la responsabilidad de un Jefe de Traducción y tres traductores senior de francés, español y árabe. La traducción del resto de idiomas (chino, inglés, alemán y japonés) se encarga a un equipo externo de traducción, con un volumen de hasta más de diez millones de palabras desde 2016. Curiosamente, Combeaud Bonallack (2018, p. 101-105) solo menciona la tecnología de la traducción en dos áreas: la que corresponde a la gestión de los glosarios que ya existen en una base de términos multilingües y la que coordina una persona especialista en herramientas TAO. En el primer caso, la terminología se concibe como una actividad clave que permite la armonización del trabajo realizado por las diferentes unidades de traducción. El equipo de traducción al español ha estado trabajando con *SDL MultiTerm 95* desde 1999 y ha registrado un total de 20.183 términos en la combinación inglés-español. Los términos en el resto de idiomas se han registrado a un ritmo promedio de 331 entradas/año en el período comprendido entre 2013-2017. Adicionalmente, existe una lista en *pdf* de 100 "términos clave" que se comparte con los nuevos empleados de la organización que, en todo caso, sería necesario incorporar a una base de datos en la que se pudiesen realizar búsquedas. En cuanto a otras herramientas o recursos de traducción, el estudio de Combeaud Bonallack (2018) menciona un especialista en herramientas TAO, pero sin indicar qué tipo de herramientas se han implementado. Sin embargo, estas sí se abordan específicamente en el trabajo de Tesseur (2017), quien recoge de manera exhaustiva las prácticas de traducción en Amnistía Internacional. Esta autora indica que las prácticas de traducción en Amnistía Internacional varían según el tipo de texto y que, igualmente, el uso de herramientas TAO también difiere entre los equipos de traducción. El tipo de texto incluye documentos con contenido específico para los medios de comunicación (comunicados de prensa, artículos y noticias web), materiales de campaña (acciones urgentes, la revista internacional, el boletín interno de Amnistía Internacional, blogs, carteles, pancartas y postales), investigación e informes anuales, así como documentos de gobernanza (documentos de políticas, información de estrategia y planificación y comunicaciones internas). En este sentido, los procesos internos de traducción en las oficinas del LRC se han profesionalizado, mientras que la traducción en las oficinas locales de *Amnistía Internacional* se lleva a cabo de manera no profesional con personal cuya tarea principal no es la traducción y que trabajan sin haber recibido ninguna capacitación formal en traducción (Tesseur, 2017, p. 217). Del mismo modo, el uso de herramientas TAO también difiere entre el LRC y las oficinas locales[5]. En el

---

5 Tesseur (2017) examina el uso de herramientas en el Centro de Recursos Lingüísticos de *Amnistía Internacional* en Francia y en las oficinas locales de *Amnistía Internacional* en la Región Flamenca de Bélgica.

primer caso se utilizan las siguientes herramientas: *WordFast* (desde 2006) como memoria de traducción y base de datos de terminología, un glosario bilingüe (un archivo de Word que contiene términos considerados clave entre los traductores como una buena introducción a la terminología de Amnistía Internacional). Las oficinas locales usan una guía de estilo para los redactores de contenidos que incluye una lista básica de terminología legal, así como el tratamiento de los nombres propios en holandés e inglés y una lista de la terminología oficial que se emplea en la oficina de prensa de *Amnistía Internacional*.

El último ejemplo que presentaré para ilustrar el uso de la tecnología de traducción en la zona de contacto I es el de *Cochrane*, «una organización global sin fines de lucro que produce revisiones sistemáticas de investigación en salud basada en la evidencia» (Hassan, 2017). El contenido traducido en *Cochrane* incluye estas revisiones junto con podcasts, infografías y comunicados de prensa distribuidos en canales de redes sociales, boletines y sitios web en quince idiomas diferentes. Un equipo central proporciona software de gestión de traducción a las oficinas locales de todo el mundo, que deciden qué contenido se traduce en sus respectivos idiomas de acuerdo con sus propias prioridades. Para hacer frente al creciente volumen de traducciones, *Cochrane* ha adoptado tres enfoques diferentes: a) trabajar con una red de traductores voluntarios (tanto estudiantes de medicina como colaboradores profesionales de la salud); b) implementar un motor de traducción automática adaptado al dominio y usarlo como parte de un flujo de trabajo de posedición; y, finalmente, c) la simplificación y estandarización de contenido como medio para facilitar la traducción humana y automática. Los resultados en el uso de la traducción automática y la posedición revelan que este proceso es sustancialmente más rápido que un flujo de trabajo de traducción estándar para 3 de cada 4 idiomas (con la excepción del polaco) y que la mayoría de los traductores que participaron en el experimento "vieron los beneficios de hacer posedición y estaban dispuestos a adaptar su forma de trabajar a este proceso" (Hassan, 2017, p. 25).

1.4.2. Las zonas de contacto II y III: ONG, socios locales y beneficiarios

Contrariamente a lo que sucede en la zona de contacto I, donde el contenido es sobre todo escrito, los relatos de intercambios multilingües en las zonas II y III revelan que «la comunicación es principalmente oral, entre los trabajadores humanitarios y los beneficiarios» (Delgado Luchner, 2018, p. 5). En consecuencia, la investigación en esta área se ha concentrado en la interpretación en una variedad de contextos: el campo humanitario, en procedimientos de asilo y asistencia a refugiados, zonas de conflicto y servicios de salud, comunitarios y públicos (Baigorri Jalón, 2011; Delgado Luchner & Kherbiche, 2018; Hale, 2011; Jiménez-Ivars & León-Pinilla, 2018, entre otros autores). Los diferentes estudios muestran no solo el papel de los intérpretes profesionales sino también de los voluntarios no profesionales, incluidos los niños que actúan como intermediarios lingüísticos para sus familias (Antonini et al, 2017). Este énfasis en la parte oral de la interacción multilingüe ha ocultado el hecho de que la palabra escrita también es un medio esencial para la transferencia de la información, tal como indica Ghandour-Demiri (2017). Este estudio explora la efectividad de los datos proporcionados a los refugiados y migrantes en Grecia en el contexto de la crisis migratoria humanitaria en Europa y, entre otros resultados relevantes, señala que casi dos tercios de los refugiados y migrantes preferían la comunicación escrita a la oral (Ghandour-Demiri, 2017, p. 8), por tres razones principalmente: a) la referencia al documento escrito es más fácil cuando se buscan procedimientos de asilo o de atención médica, para la búsqueda de opciones de vivienda fuera de los campamentos o para encontrar información en el área de educación así como de procedimientos para la reunificación familiar; b) el poder usar un documento escrito para referencia posterior es más fácil que tener que recordar información que se ha transmitido de manera oral; y c) el documento escrito tiene mayor credibilidad.

Otro aspecto clave citado en las diferentes descripciones de trabajo en estas zonas de contacto es que el cuidado de las lenguas locales habladas por los beneficiarios no suele incorporarse en el ciclo de trabajo. Esto plantea una paradoja interesante ya que la comunicación se menciona específicamente como un aspecto central en los documentos oficiales que enmarcan las actividades del tercer sector, pero la traducción sigue siendo un "problema oculto perenne" (Federici et al, 2017, p. 6). La consecuencia directa es que la traducción no está presupuestada de antemano en las diversas etapas de desarrollo del proyecto[6]. Esta situación puede tener dos causas principales. En primer lugar, si bien los beneficiarios prefieren recibir información en su lengua materna (el inglés no se considera una alternativa satisfactoria en la mayoría de los casos), no se reúnen datos adecuados sobre la lengua materna[7]. En segundo lugar, estas lenguas se consideran habladas por una minoría de personas y, por lo tanto, los recursos que se les asignan son escasos o inexistentes. En este escenario, las ONG tienen que contar con personal local que actúe como traductores voluntarios no profesionales y hacer frente a lo que esté disponible en términos de personas o tecnología, ideando soluciones *ad hoc* sobre la marcha según las circunstancias. En este sentido, la gestión de las necesidades lingüísticas en el caso de las personas migrantes y los refugiados que llegan a Europa es un ejemplo significativo. Los informes sobre la situación apuntan, por ejemplo, a la falta de información en idiomas que estos puedan entender lo que, a su vez, impide que muchos de ellos tengan acceso a los servicios básicos de salud o educación, o «incluso para abrir una cuenta bancaria con poca opción más que recurrir al mercado negro» (Vinck et al, 2018, p. 74). Eventualmente se encuentran soluciones prácticas a estas necesidades de traducción, principalmente cuando la gestión del idioma se convierte en un problema urgente. Esto es lo que hizo ACNUR cuando se asoció con *Mercy Corps, ACNUR, Google.org* y *Thoughtworks* para buscar una solución práctica para la comunicación cuando más de 10.000 refugiados entraron en la ex República Yugoslava de Macedonia en noviembre de 2015. Juntos idearon una aplicación que incluía un conjunto de tarjetas de

---

6   De alguna manera, podríamos suponer que la traducción está «oculta" en el presupuesto de comunicación cuando las ONG planean su acción en las zonas de contacto II y III. Al menos esto es lo que Footitt & Crack (2018, 5) revelan cuando se refieren a una conversación mantenida con una persona responsable de una ONG: «Nunca he asignado recursos presupuestarios para la traducción… Lo que hacemos es simplemente asignar un presupuesto para la comunicación, pero sin especificar que es para la traducción".

7   Véase en Ghandour-Demiri (2017, 16-24) una discusión exhaustiva sobre este tema con datos recopilados de comunidades migrantes en Grecia.

traducción, específicas para diferentes tipos de conversaciones (por ejemplo, un grupo de tarjetas relacionadas con la salud que utilizaba el personal médico). Las tarjetas estaban disponibles en los teléfonos móviles o las tabletas y presentaban respuestas pretraducidas a preguntas comunes (ACNUR, 2016). En cualquier caso, también es cierto que no todas las respuestas a las necesidades lingüísticas de las personas migrantes se ponen en práctica como respuesta a una situación urgente; algunas son el resultado de una acción planificada, como es el caso de *We Speak Translate Project*. Esta es una iniciativa en la que *Google Translate* y la *Asociación Intercultural del Gran Victoria* se asociaron para usar la aplicación *Google Translate* y ayudar en el reasentamiento de refugiados y la inclusión de los recién llegados, con el fin de eliminar las barreras lingüísticas para la nueva integración de las personas migrantes. Hay también otros usos de los teléfonos móviles con un propósito similar. Por ejemplo, *Nowall*, una aplicación creada por el equipo de *TechFugees*[8] con el objetivo de facilitar que los refugiados completen el papeleo en idiomas desconocidos, ofreciendo traducción a través del teléfono móvil. Al enviar un mensaje de texto a *Nowall*, los refugiados reciben una respuesta por escrito a través de texto, una llamada telefónica o una conexión en línea con un intérprete voluntario (Evans et al, 2015, p. 19). Otros ejemplos son *Bureaucrazy*, una aplicación que proporciona la traducción de formularios y solicitudes, así como la posibilidad de completar estos formularios de manera automática; *Ankommen*, que proporciona información sobre los procedimientos de asilo en cinco idiomas; o HABABY, una aplicación web para la atención prenatal y postnatal para las mujeres refugiadas en múltiples idiomas. Todas estas son formas de humanitarismo digital que se dan en las zonas de contacto II y III.

1.4.3. La zona de contacto IV: ONG y beneficiarios

La zona de contacto IV se define como una zona en la que la ONG entra en contacto directo con los beneficiarios de la ayuda. En general, hay dos

---

8 *TechFugees* es una organización sin fines de lucro que coordina la respuesta de la comunidad tecnológica internacional a las necesidades de los refugiados, los solicitantes de asilo y las personas desplazadas.

tipos de interacciones en esta zona: una tiene lugar cuando el personal de las ONG realiza visitas sobre el terreno a los beneficiarios y la otra en el contexto de una situación de emergencia. En ambos casos, la comunicación es principalmente oral y la participación del personal local (o incluso de los ciudadanos, en situaciones de emergencia) es esencial a la hora de actuar como intermediarios culturales y lingüísticos. Esta práctica se considera en gran medida no problemática en el contexto de las visitas de campo con la creencia de que «la traducción y la interpretación no son estrategias viables en interacción con los beneficiarios del proyecto [...] ya que los actores asumen que el socio local está mejor posicionado para mediar» (Delgado Luchner, 2018, p. 61). A este respecto, es natural que la referencia a la interacción escrita en la zona IV sea escasa, al menos en lo que respecta a las visitas sobre el terreno.

Sin embargo, el análisis de las situaciones de emergencia revela una imagen ligeramente diferente, al menos en lo que respecta a la traducción del contenido escrito. Con el nombre de «traducción de crisis», O'Brien et al (2017) se refieren a la traducción en un evento que se espera que conduzca a una situación peligrosa, ya sea una emergencia o un desastre, donde la comunicación oportuna y precisa es esencial para la gestión de una crisis. Esta definición introduce una nueva dimensión en la zona IV que modifica el enfoque tradicionalmente asignado en la comunicación oral con respecto al contenido escrito. Los autores analizan las 4R de la gestión de desastres (Riesgo, Respuesta, Recuperación y Resiliencia) para llamar la atención sobre el hecho de que la traducción no solo se requiere durante la etapa de respuesta, sino durante todo el proceso. Identifican una serie de desafíos que deben abordarse en la traducción de crisis, principalmente debido a la naturaleza impredecible de las emergencias y al hecho de que a menudo estas ocurren en áreas donde los idiomas tienen pocos recursos para la traducción que se puedan utilizar fácilmente (glosarios, corpus paralelo para el entrenamiento de motores de traducción automática o corpus alineados para construir memorias de traducción). Teniendo en cuenta este escenario, los autores avanzan en la solución de capacitar a los ciudadanos para que actúen como traductores, creando una red de voluntarios que puedan utilizar la traducción automática. Esto, a su vez, pone a prueba el rápido desarrollo e implementación de motores de traducción automática personalizados para idiomas de bajos recursos, pero la investigación en esta dirección ahora ofrece resultados prometedores (Lewis et al, 2011).

En este punto, es relevante hacer una mención específica al trabajo de *Translators Without Borders* (TWB) en la zona IV. Entre sus numerosas iniciativas, esta organización se ocupa específicamente de las necesidades multilingües en la interacción entre las ONG y los beneficiarios, tanto en programas de ayuda no relacionados con crisis en todo el mundo como en situaciones de crisis. Como veremos en detalle en el capítulo 4, el trabajo de TWB se concentra en la plataforma *Kató*, donde una comunidad de más de 26.000 traductores profesionales ofrece servicios lingüísticos en más de 250 pares de idiomas, aprovechando al máximo la tecnología de la traducción. Del mismo modo, TWB ha desarrollado aplicaciones para la creación y gestión de glosarios que se pueden usar en línea o fuera de línea para idiomas con menos recursos. Mediante estos glosarios TWB consigue la estandarización de la traducción de términos clave en áreas que son relevantes en la ayuda humanitaria: la vivienda, los derechos de propiedad, el agua, el saneamiento y la higiene, entre otros. Desde un punto de vista integral que aborde las necesidades de comunicación en la zona IV, TWB ha conseguido alinearse con el lado comercial de la industria de la traducción para reunir a todas las partes interesadas para trabajar en el marco del proyecto *Gamayun: The Language Equality Initiative* y crear así datos de texto y voz que faciliten la automatización de los idiomas más desatendidos. El objetivo es crear un "activo útil, sostenible y gratuito para empoderar a las personas a través de un mayor acceso a información crítica", como la atención médica, el alivio de crisis, el acceso al contenido educativo y la capacitación laboral. Además, TWB ha colaborado con el Grupo de Trabajo de Traducción Médica de Wikipedia desde 2012, proporcionando la traducción a más de 1.400 artículos médicos (aproximadamente 2,37 millones de palabras) con el objetivo de mejorar los resultados de salud para las comunidades migrantes.

1.5. Las necesidades multilingües del tercer sector y su relevancia social

Como vemos, la caracterización del tercer sector y sus necesidades multilingües a lo largo de las cuatro zonas de contacto revela una serie de características que influyen directamente en la forma en que se gestiona la traducción del contenido escrito y, en consecuencia, cómo se utiliza la tecnología de traducción (si es que se utiliza). El tamaño de la fuerza laboral del tercer sector, en su mayoría compuesta por voluntarios, su dependencia de las donaciones privadas y las fuerzas del neoliberalismo combinadas con las presiones del mercado y la competencia por la eficiencia de los costes son aspectos que obstaculizan en cierta medida el complejo panorama de la comunicación multilingüe (y las necesidades de traducción asociadas a esta) a lo largo de la cadena de ayuda.

El análisis de esta cadena desde una perspectiva lingüística ha revelado que el uso de la tecnología de la traducción está directamente relacionado con el contexto en el que tiene lugar la comunicación multilingüe. Cuando existen condiciones formales para la gestión de traducciones, como es el caso de la zona I, se utiliza la mayoría de los avances de la tecnología de traducción (software de gestión terminológica, memorias de traducción, software de flujo de trabajo de traducción e incluso la traducción automática). En este sentido, parece que la gran dependencia de las ONG de la financiación externa y la necesidad de informar constantemente a los donantes, junto con la necesidad de mantener el interés de los voluntarios en sus actividades, contribuyen al compromiso formal de las ONG con la traducción. Otro aspecto que influye en el uso de la tecnología de la traducción es el tipo de interacción que tiene lugar. En las zonas II y III, donde las interacciones son en su mayoría orales, no hay espacio para una tecnología que atienda el texto escrito. Sin embargo, la preferencia por la comunicación escrita es, como señalé antes, un aspecto que no debe descuidarse. En cualquier caso, las interacciones multilingües en estas dos zonas se complican por la falta de disponibilidad de recursos lingüísticos y el hecho de que la traducción no se incluye explícitamente en los presupuestos de comunicación (incluso si se reconoce la necesidad de una comunicación efectiva). Un escenario similar se da en la zona IV, con la excepción de algunos trabajos específicos en situaciones de emergencia y preparación para la traducción.

Vemos, entonces, que casi ninguno de los avances en la tecnología del lenguaje ha permeado al sector sin ánimo de lucro y que los recursos aún están infradesarrollados, incluso si son críticos en la mayoría de los contextos. Es precisamente esta situación la que plantea la afirmación de que la implementación de herramientas y recursos lingüísticos diseñados específicamente para las necesidades del tercer sector puede ver su impacto en tres áreas clave: económica, social y técnica. Esencialmente, este sector es un actor clave tanto en el desarrollo social como en el económico. Es un canal cada vez más importante para estructurar y resolver las crecientes demandas e iniciativas de la sociedad civil y su importancia se refleja en el tamaño y número de sus organizaciones. Los procesos donde el lenguaje es importante serían entonces más ágiles y efectivos mediante la incorporación de herramientas digitales como la traducción automática, las memorias de traducción o los glosarios multilingües, entre otros. Además, los diferentes aspectos que caracterizan al tercer sector también determinan su importancia social en los siguientes términos: 1) las entidades que trabajan en el tercer sector son flexibles y capaces de adaptarse a las necesidades sociales; 2) buscan la diversificación de la financiación; 3) necesitan la medición de los resultados y su impacto; 4) basan su trabajo en la creación de redes y la colaboración; 5) establecen alianzas para aumentar la competitividad, el impacto y la eficiencia; 6) existe una intensa relación con la sociedad civil en sus diversas facetas de cooperación (donante/voluntario/ciudadano). En todos estos aspectos, el contenido se genera en una multiplicidad de idiomas, ya sea en forma de informes, materiales educativos, propuestas de proyectos, cartas a voluntarios o presentaciones públicas. Para las ONG con un mandato internacional, la creación y gestión de este contenido multilingüe es clave. Por último, el impacto técnico de la generación de recursos digitales multilingües se consigue mediante la posibilidad de reutilizar el contenido creado dentro del tercer sector y que actualmente no se puede utilizar como recursos digitales por dos razones principales: no suele almacenarse en formatos estándar y no está fácilmente disponible en repositorios digitales. El valor añadido que aporta este contenido se refiere tanto a la flexibilidad como a la innovación en la generación de activos digitales multilingües que puedan ser utilizados en los diferentes contextos donde el tercer sector despliega sus actividades, de modo que mejoran las condiciones de trabajo de los profesionales y voluntarios en el área. Desde traductores e intérpretes, equipos de investigación y académicos, hasta agentes sociales y ciudadanos, todos se beneficiarían del acceso a contenido multilingüe que, de lo contrario, no se divulgaría.

Capítulo 2. Corpus digitales para la traducción en el ámbito migratorio

2.1. El uso de corpus en el ámbito de las migraciones

En el proceso de adquisición de conocimientos durante la traducción los corpus textuales suponen una fuente de consulta de gran riqueza que complementa a los recursos documentales y lexicográficos tales como los diccionarios, las obras de referencia en línea o impresas, las bases de datos de organismos internacionales y las fuentes terminológicas (Sánchez Ramos, 2020, pp. 111-130). En el caso de los corpus, estos sirven de gran ayuda para solventar las posibles carencias léxicas y terminológicas que se dan en la traducción de textos del ámbito de las migraciones, dado el reducido número de recursos lexicográficos con los que nos encontramos en este ámbito, tal como hemos visto en el capítulo anterior.

Un corpus se define como una gran colección de textos auténticos recogidos digitalmente atendiendo a una serie de criterios específicos (Bowker & Pearson 2002, p. 9) que pueden ser, por ejemplo, de tipo temporal para abarcar un periodo concreto, de tipo temático para recoger un área de especialidad determinada o por interés específico de investigación. A partir de esta definición, se entiende que el corpus contiene una colección de muestras representativas del idioma, seleccionadas y ordenadas en función de unos criterios lingüísticos explícitos, con el fin de ser empleadas como ejemplos de uso. Los criterios para su creación, la cantidad, la calidad de los textos y la homogeneidad son cuestiones, entre otras, que el usuario final del corpus (sea traductor, investigador, docente) debe seleccionar cuidadosamente con el fin de que la muestra sea útil para el propósito determinado. Así, la tipología de corpus viene determinada, como apunta Corpas (2001, pp. 157-159), por los siguientes aspectos:

a) El idioma o idiomas de los textos, el porcentaje y distribución de los textos.
b) La especificidad de los documentos (general o especializado).
c) La cantidad de texto que se recoge en cada uno de los documentos (bien se trate de textos completos con objeto de ofrecer una muestra

representativa de la lengua común o como textos fragmentados que se usan como referencia léxica).

d) La codificación y anotación de los textos en función de si se han incluido etiquetas con información de tipo lingüístico o metatextual.

En el campo de la traducción y las migraciones, nos interesa, ante todo, la combinación de lenguas y, desde este punto de vista, los corpus se distinguen en monolingües, bilingües y multilingües. A su vez, estos dos últimos tipos pueden ser comparables o paralelos. Así, un corpus es comparable si los textos que lo componen son originales en lengua A y textos originales en lengua B. Por otra parte, un corpus es paralelo si los textos que lo componen son traducciones unos de otros. Veamos algunos ejemplos:

a) Ejemplo 1. Extracto de un corpus bilingüe comparable.

Texto A idioma inglés. Fuente: Finnish Immigration Service (2022)

At the request of the Finnish Immigration Service, UNHCR, the UN Refugee Agency, has assessed how the best interests of a child are considered in the asylum procedure in Finland.
The Finnish Immigration Service works closely together with UNHCR in matters concerning international protection. This cooperation is one way of improving and developing the decision-making process in asylum matters. Similar assessments of other central areas of the asylum procedure have been conducted by the UNHCR Representation for the Nordic and Baltic Countries at the request of the Finnish Immigration Service from 2018 onwards.
«When a decision affects a child, the best interests of the child must always be considered. What these interests are is assessed individually on a case-by-case basis for each child. That is why these considerations always require making interpretations. UNHCR has, amongst other aspects, looked at whether the best interests of a child are treated as a primary factor that affects the asylum decisions,» says Tirsa Forssell, Head of Legal Services, from the Finnish Immigration Service.

Texto B idioma español. Fuente: Portal web de la Policía Nacional (2022)

Se garantizará el mantenimiento de la familia de las personas refugiadas y beneficiarias de protección subsidiaria.
AYUDAS Y PRESTACIONES
Se concederá el derecho de asilo o de la protección subsidiaria, por extensión, a los siguientes familiares:
Los ascendientes y descendientes en primer grado, salvo independencia familiar, mayoría de edad y distinta nacionalidad.

El cónyuge del refugiado o beneficiario de la protección subsidiaria o persona con la que se halle ligado por análoga relación de afectividad y convivencia, salvo los casos de separación legal, separación de hecho, divorcio, distinta nacionalidad o concesión del estatuto de refugiado por razón de género, cuando en el expediente de la solicitud quede acreditado que la persona ha sufrido o tenido fundados temores de sufrir persecución singularizada por violencia de género por parte de su cónyuge o conviviente.

Otros miembros de la familia siempre que resulte suficientemente establecida la dependencia respecto de la persona refugiada o beneficiaria de protección subsidiaria y la existencia de convivencia previa en el país de origen.

b) Ejemplo 2. Extracto de un corpus multilingüe comparable

Texto A idioma inglés. Fuente: EU Immigration Portal (2022)

Legal migration and integration

Legal migration is part of a balanced common EU migration policy from which migrants, countries of origin, and countries of destination benefit. It gives people who plan to migrate an opportunity to improve their circumstances. At the same time, it helps host countries to address labour market needs. Legal migration is also an investment in the economy and the society. It supports the EU's green and digital transition, while contributing to making European societies more cohesive and resilient.

Texto B idioma español. Fuente: Portal de inmigración del Ministerio de Inclusión (2022).

La política de integración de los inmigrantes que lleva a cabo la Secretaria de Estado de Migraciones, a través de la Dirección General de Inclusión y Atención Humanitaria, tiene como objetivo promover la plena integración de los extranjeros en la sociedad española, en un marco de convivencia de identidades y culturas diversas sin más límite que el respeto a la Constitución y a la ley.

En ese marco normativo y con el principal objetivo de fortalecer la cohesión social, se está trabajando en la elaboración de un nuevo Plan Estratégico de Ciudadanía e Integración.

Texto C idioma francés. Fuente: Naciones Unidas (2022)

Définition du terme «réfugié»:

Un.e réfugié.e est une personne qui se trouve hors de son pays d'origine en raison d'une crainte de persécution, de conflit, de violence ou d'autres circonstances qui ont gravement bouleversé l'ordre public et qui, de ce fait, a besoin d'une «protection internationale». Sa situation, souvent périlleuse et intolérable, la contraint à franchir les frontières nationales en quête de sécurité dans les pays voisins. Cette personne devient ainsi un.e «réfugié.e» reconnu.e internationalement qui a accès à l'assistance des États, du HCR et d'autres organisations compétentes. Ce statut lui est accordé précisément parce qu'il est trop dangereux pour elle de regagner son pays et qu'elle a donc besoin de trouver refuge ailleurs. Le refus de l'asile aurait pour elle des conséquences potentiellement mortelles.

En estos ejemplos vemos, primero, dos textos informativos sobre los servicios de ayuda a los refugiados (ejemplo 1). El primer texto está en inglés y habla específicamente de los derechos de los niños refugiados en Finlandia. El segundo texto, por su parte, contiene información en español, también sobre ayuda a los refugiados, pero, en este caso, se centra en los servicios de solicitud de asilo en España. Como vemos, ambos tipos de texto tratan temas similares en dos lenguas diferentes y, por lo tanto, son comparables.

En el segundo ejemplo encontramos un extracto de corpus multilingüe que contiene tres textos comparables en tres idiomas diferentes (inglés, francés y español). El tema común a los tres es la política migratoria, con una definición del estatus de refugiado en el caso del texto en francés. Como en el caso del ejemplo 1, el tema de los textos que componen el corpus es similar, lo que hace que estos textos sean comparables en cuanto a la información que contienen.

Veamos ahora dos ejemplos de corpus bilingües:

c) Ejemplo 3. Extracto de un corpus bilingüe paralelo.

Texto original en inglés. Fuente: EU Immigration Portal (2022)

The EU and its Member States share the competence in the area of immigration. There are certain common immigration rules valid across the EU, while other aspects are determined by each EU country. This means that immigration rules are not identical in different EU countries and national authorities are best placed to reply to your detailed questions. Residence permit applications must always be made to the authorities of the EU country you plan to move to. There is no European institution handling applications or issuing residence permits on behalf of individual countries.

Traducción al español. Fuente: EU Immigration Portal (2022)

La UE y sus Estados miembros comparten las competencias en el ámbito de la inmigración. Existen ciertos reglamentos de inmigración comunes que son válidos en toda la UE, mientras que otros aspectos los determina cada país de la Unión. Esto significa que los reglamentos de inmigración no son idénticos en los diferentes países de la Unión y las autoridades nacionales son quienes mejor pueden responder a sus preguntas concretas. Las solicitudes de permiso de residencia siempre deben remitirse a las autoridades del país de la Unión al que planifica trasladarse. Ninguna institución europea gestiona solicitudes o emite permisos de residencia en nombre de los países individuales.

d) Ejemplo 4. Extracto de un corpus multilingüe paralelo

Texto original en inglés. Fuente: EU Immigration Portal (2022)

Who is a highly-qualified worker under the EU Blue Card Directive?

You are considered a highly-qualified worker if you have a work contract (or a binding job offer) of at least one year, and if you meet the conditions listed below:

You must prove that you have 'higher professional qualifications', either by showing a higher education qualification (such as a university degree) or by having at least five years of relevant professional experience (if such experience is recognised as qualifications in the Member State concerned).

Traducción al español. Fuente: EU Immigration Portal (2022)

¿Quién es un trabajador altamente cualificado en virtud de la Directiva de la tarjeta azul UE?

Se le considerará trabajador altamente cualificado si tiene usted un contrato laboral (o una oferta firme de empleo) de un mínimo de un año y reúne las condiciones que figuran a continuación:

Debe demostrar tener una «cualificación profesional superior», presentando una cualificación académica superior (como, por ejemplo, un título universitario) o acreditando un mínimo de cinco años de experiencia profesional pertinente (si dicha experiencia está reconocida como cualificaciones en el Estado miembro en cuestión).

Traducción al francés. Fuente: EU Immigration Portal (2022)

Qui est considéré comme travailleur hautement qualifié au titre de la directive sur la carte bleue européenne?

Vous êtes considéré comme travailleur hautement qualifié si vous avez signé un contrat de travail (ou disposez d'une offre d'emploi ferme) d'une durée d'un an minimum, et si vous répondez aux conditions suivantes:

Vous devez apporter la preuve de vos qualifications professionnelles de haut niveau, soit en présentant votre diplôme de l'enseignement supérieur (un diplôme universitaire, par exemple) ou en prouvant que vous avez cinq ans d'expérience professionnelle pertinente (sous condition qu'une telle expérience soit reconnue comme qualification par l'État membre concerné).

En los ejemplos 3 y 4 se muestra primero un extracto de un corpus bilingüe paralelo y luego uno de un corpus multilingüe también paralelo. La condición de ser paralelo se refiere al hecho de que los textos que componen el corpus son la traducción de un primer texto original. En el caso del ejemplo 3, el corpus contiene un texto original en inglés, con su correspondiente traducción al español, mientras que el ejemplo 4 muestra un texto también en inglés con su traducción al español y al francés.

La explotación de corpus textuales en el campo de la traducción ha sido ampliamente argumentada en la bibliografía relevante (Bowker, 2004; Bowker & Pearson, 2002; Castillo, 2009; Zanettin, 2012 y Lavid-López et al, 2021, entre otros) y se fundamenta en el hecho de que proporciona al traductor un repertorio real de "unidades de significado», es decir, modos de expresar el significado ya establecidos por el uso en el idioma correspondiente. Así, por ejemplo, el uso de corpus paralelos (el texto original y su correspondiente traducción) permite observar las estrategias de traducción adoptadas, de la misma manera que un corpus comparable (textos originales en lenguas diferentes compilados con criterios similares) nos permite "la equiparación interlingüística de sus elementos" (Corpas, 2001). De hecho, si comparamos el tipo de información que podemos obtener a partir de un corpus con la que encontramos en un diccionario, veremos que, sin ser excluyentes, el uso de corpus en el campo de la traducción abre caminos muy interesantes. Mientras que los diccionarios ofrecen una definición del significado de la palabra, los corpus muestran la palabra en su contexto. Por lo tanto, el traductor puede emplear esta información para comprobar no solo el significado de una palabra o expresión, sino también su uso real, sobre todo cuando por la especialización del texto no hay diccionarios disponibles, como es el caso del ámbito de las migraciones. Igualmente, un corpus paralelo permite al traductor consultar las estrategias de traducción que otros traductores han puesto en práctica con anterioridad cuando se han enfrentado a problemas similares, un tipo de información que los diccionarios normalmente no contienen.

De manera resumida, pueden plantearse del siguiente modo las diferencias en el tipo de información que nos da un diccionario bilingüe y un corpus paralelo y su utilidad desde el punto de vista de la traducción (Zanettin, 2002):

Diccionario bilingüe

a) Ofrece un repertorio de equivalentes léxicos (diccionarios generales) o de términos (diccionarios especializados y terminologías) recogido por la persona que ha creado el diccionario. Estas equivalencias se presentan como posibles candidatos de traducción.

b) Al seleccionar para una traducción un equivalente de un diccionario bilingüe general, hay que evaluar la adecuación de esa palabra al nuevo contexto partiendo de una definición y unos cuantos ejemplos de uso.

c) Ofrece equivalencias en el nivel de la palabra.

Corpus paralelo

a) Ofrece repertorios de estrategias utilizadas en traducciones anteriores, así como repertorios de equivalentes de traducción que ya se han usado previamente.

b) El repertorio de estrategias de traducción que ofrece el corpus paralelo muestra soluciones y estrategias que ya han sido empleadas en el pasado para problemas de traducción similares.

c) Ofrece equivalencias no solo en el nivel de la palabra sino también casos en los que no existe un equivalente fácil para palabras, términos o frases en las distintas lenguas. Un corpus paralelo puede aportar pruebas de cómo los traductores reales han afrontado esta falta de equivalencia directa a nivel de palabra.

Para ilustrar de manera sencilla la importancia de la información que nos ofrece un corpus paralelo a la hora de traducir, podemos tomar el caso de la expresión «no poverty» en un texto del ámbito de los Objetivos para el Desarrollo Sostenible:

> NO POVERTY: WHY IT MATTERS What's the goal here? To end poverty in all its forms everywhere by 2030. Why? In 2015, more than 700 million people, or 10 per cent of the world population, lived in extreme poverty, struggling to fulfil the most basic needs like health, education, and access to water and sanitation, to name a few (ODS, 2023a).

En principio, podríamos pensar que la traducción de «no poverty» no tiene por qué plantear un problema ya que es una expresión sencilla. Así, las opciones de traducción podrían ser varias a priori: «sin pobreza», «no pobreza», «fin de la pobreza». La solución solo la podemos saber consultando directamente cómo se ha traducido esta expresión en un corpus paralelo:

FIN DE LA POBREZA: POR QUÉ ES IMPORTANTE. ¿Cuál es el objetivo en este caso? Poner fin a la pobreza en todas sus formas y en todo el mundo para 2030. ¿Por qué? Más de 700 millones de personas siguen viviendo en condiciones de pobreza extrema y luchan para satisfacer sus necesidades más básicas, como la salud, la educación y el acceso al agua y el saneamiento, por mencionar algunas (ODS, 2023b).

Lo que ocurre con la expresión «no poverty» y su equivalencia en español, «fin de la pobreza», es fruto de una de las características típicas del discurso especializado en el ámbito de las ciencias sociales que, tal como apunta Lorente Casafont (2016, pp. 173-175), tiende a crear combinaciones léxicas (colocaciones) que, tras la apariencia formal de palabras comunes del discurso general, adquieren valor terminológico en contextos especializados. Esto ocurre así porque, a diferencia de los ámbitos de las ciencias experimentales, los discursos que se enmarcan en las ciencias sociales tienen mayor proximidad formal con el discurso del lenguaje común, de modo que muchas de las unidades terminológicas que se emplean coinciden con palabras de uso general no especializado. Esta característica del lenguaje especializado en ciencias sociales y, más concretamente en el ámbito de la migración, deriva en una serie de limitaciones a la información que contienen los diccionarios especializados en este campo, limitaciones que, en todo caso, se pueden solventar gracias a la información que contiene un corpus. Siguiendo de nuevo a Lorente Casafont (2016) podemos enumerar las limitaciones de los diccionarios en el ámbito que nos ocupa del siguiente modo:

a) Los mediadores lingüísticos necesitan información puntual en su trabajo cotidiano con respecto al nuevo significado de una palabra, la confirmación de una duda en el uso de una unidad léxica o para conocer cuáles son las combinaciones léxicas relevantes. En este sentido, ocurre con frecuencia que los diccionarios no contienen este tipo de información.

b) La mayor parte de los diccionarios especializados en ciencias sociales siguen recurriendo al formato impreso, aunque sí es cierto que existen algunos en formato electrónico. En todo caso, se trata de diccionarios difíciles de actualizar por sus altos costes, por lo que acaban estando desactualizados.

c) La representación de las relaciones de sinonimia en estos diccionarios no es absoluta, sino que está condicionada por aspectos tales como el tema concreto de que se trate, el tipo de texto o la estructura sintáctica de la unidad léxica. Así, parece que los diccionarios no incluyen suficiente información como para representar de manera adecuada las situaciones en las que una determinada palabra puede usarse como sinónimo o no.

d) El tratamiento de la polisemia no refleja, en ocasiones, la variación semántica de los términos de modo que no se puede distinguir entre las diferentes acepciones de una palabra en función del contexto en el que se emplee.

e) Los diccionarios especializados en el ámbito de la migración son aún poco numerosos y cuentan, en todo caso, con pequeños vocabularios organizados como glosarios con listados bilingües en la lengua de acogida del país y equivalentes en la lengua de las personas migrantes. Estos glosarios suelen crearse de manera *ad hoc* para responder a necesidades comunicativas puntuales de modo que no suelen contar con el criterio de los profesionales de la lexicografía o la terminología. La consecuencia es que no se suelen indicar los criterios de selección de las unidades léxicas, su delimitación temática ni las fuentes usadas para determinar las equivalencias.

Por todas estas razones, parece claro que los corpus son útiles para observar y analizar cómo se comportan los términos usados por los especialistas en contextos reales. En este sentido, los corpus especializados son una fuente muy rica de información lexicográfica puesto que nos permiten conocer el comportamiento del lenguaje de especialidad a través de la observación directa en ejemplos de uso reales. En el caso de los corpus sobre migración y asilo, si bien son de tamaño más reducido que los que recogen información sobre la lengua general, sí contienen una muestra exhaustiva del discurso especializado. Algunos de estos corpus son los siguientes[9]:

---

9 Este listado es una actualización de los corpus mencionados en Lorente Casafont (2016).

a) Ladex. Se trata de un proyecto que tiene como objetivo «analizar los aspectos sociolingüísticos y las implicaciones culturales que se derivan de los usos del léxico y la fraseología en los textos jurídicos y administrativos en el ámbito de la inmigración.» El punto de partida es la compilación, etiquetado y anotación de un corpus multilingüe compuesto por una colección de documentos representativos utilizados en materia de inmigración (ciudadanos comunitarios y no comunitarios), emitidos por las distintas administraciones públicas e instituciones de España, Reino Unido, Francia e Italia, comprendidos entre 2007 y 2011.

b) Inmigra. Es una red de grupos de investigación integrada en el programa de actividades de I+D de la Comunidad de Madrid. La red está dedicada al estudio desde una perspectiva multidisciplinar de los factores lingüísticos, comunicativos, culturales y sociales que intervienen en el proceso de integración de la población migrante en la Comunidad de Madrid, así como al desarrollo de herramientas que faciliten esa integración.

c) LAELE. Se trata de un proyecto de compartición de corpus que han sido recogidos por el Grupo Nebrija-LAELE (Lingüística Aplicada a la Enseñanza de Lenguas Extranjeras), tanto en Proyectos I + D como en base a la tarea didáctica que se desarrolla en los ámbitos de posgrado del Departamento de Lenguas Aplicadas de la Universidad Nebrija. El objetivo es poner a disposición de los estudiosos y de los docentes de español como lengua nativa, segunda y extranjera un portal que admita la interrogación y compilación de corpus personalizables para el estudio de fenómenos lingüísticos relacionados con este tipo de estudiantes y su interlengua.

d) Atlas lingüístico y cultural de la migración (ALCI). Es una herramienta diseñada para su aplicación y uso en contextos escolares multiculturales y plurilingües. El ALCI incluye en sus páginas infografía demográfica y socioeconómica, datos históricos, etnográficos, culturales y lingüísticos que permiten comprender los hábitos y conductas del alumnado inmigrante y de sus familias. Además, al estar basado en fuentes de información primarias, mediante la realización de entrevistas y cumplimentación de cuestionarios a escolares de diferentes etapas y a miembros adultos de sus familias, se presentan datos de actualidad, de vivencias y experiencias concretas, contrastados con fuentes documentales específicas para cada cultura.

e) COMMIRE. Es un corpus desarrollado por el grupo de investigación "Mobilidades e contatos de línguas" (MOBILANG), perteneciente a la Universidad de Brasilia y está centrado en el estudio de la lengua en el contexto de la migración y el asilo. Como respuesta a la necesidad de romper las barreras de la lengua a la que se enfrentan los migrantes para acceder a servicios esenciales tras llegar a Brasil, el grupo ha creado un corpus sobre el tema, dirigido a traductores, intérpretes, personas que trabajan con la migración y migrantes.

f) COMPAS. El corpus está formado por textos del inglés recogidos de artículos de prensa diarios sobre inmigración. En total, recopila 132.242 artículos sobre migrantes, solicitantes de asilo y refugiados aparecidos en los periódicos nacionales del Reino Unido entre 2006 y 2013. El corpus se amplió en 2016 y se añadieron textos del periodo 1985-2005 y 2014-2015. Esta versión consta de 260 millones de palabras de 354.661 artículos.

g) PRESEEA. Es un proyecto para la creación de un corpus de lengua española hablada representativo del mundo hispánico en su variedad geográfica y social. Esos materiales se reúnen atendiendo a la diversidad sociolingüística de las comunidades de habla hispanohablantes. PRESEEA agrupa a cerca de 40 equipos de investigación sociolingüística. Es el fruto del trabajo coordinado de investigadores comprometidos con una metodología común para reunir un banco de materiales coherente que posibilite su aplicación con fines educativos y tecnológicos.

h) PaeSI (*Public Administration and Foreign Immigrants*). El servicio PAeSI para la inmigración se ha realizado dentro del proyecto PAeSI (Administración Pública e Inmigrantes Extranjeros), con el fin de facilitar el acceso electrónico a la información y a los servicios que implican a las administraciones públicas y extranjeras. El proyecto PAeSI, incluido en la Agenda Digital Toscana, tiene como objetivo facilitar el intercambio de información entre la administración pública, las asociaciones profesionales y los representantes del mundo profesional con el fin de agilizar y fomentar la transparencia de los procedimientos administrativos.

2.2. Cómo crear un corpus *ad hoc*

Como vemos, no hay muchos corpus en el ámbito de las migraciones a los que los traductores puedan recurrir y si nos referimos a corpus paralelos la escasez es mucho más patente. Ahora bien, esto no quiere decir que no podamos construir nuestro propio corpus *ad hoc*. De hecho, la creación de corpus es un área de trabajo muy productivo en los estudios de traducción (ver, por ejemplo, Lavid-López et al, 2022).

Los corpus que crean los traductores profesionales pueden clasificarse en una escala que va de lo "robusto" a lo "virtual» (estos últimos también llamados corpus propios o *ad hoc*). Los corpus "robustos" se crean en el marco de iniciativas que parten de la comunidad investigadora y que cuentan con el apoyo institucional. Son corpus que están disponibles para su consulta a través de Internet. Ejemplos prototípicos son los grandes corpus nacionales de referencia, como el *British National Corpus* (BNC) para el inglés británico o el Corpus de Referencia del Español Actual (CREA) para el español[10]. Este tipo de recursos requiere un gran esfuerzo de construcción. Hay, por supuesto, distintos grados de solidez, según el esfuerzo y el cuidado que se haya puesto en la selección equilibrada y representativa de los textos, la información lingüística y extralingüística con la que se anota el corpus y el software del que se disponga para consultar esta información. Por su parte, los corpus "virtuales» suelen ser más pequeños y no suelen estar disponibles para el público en general puesto que los crean los traductores de manera *ad hoc* para su consulta propia. Las ventajas de los corpus "robustos" frente a los "virtuales" pueden resumirse de la siguiente manera:

1. Los corpus robustos suelen ser más fiables.
2. Suelen ser de mayor tamaño.
3. Pueden enriquecerse con información lingüística y contextual.
4. Dan acceso a un software de consulta fácil de usar, aunque no necesariamente orientado a las necesidades de la traducción profesional.
5. En el caso de los corpus paralelos, su construcción requiere más trabajo que la de los corpus monolingües, entre otros factores, porque

---

10 En el portal *Open Parallel Corpus* (https://opus.nlpl.eu/) pueden localizarse diferentes tipos de corpus a través del buscador especializado.

hay que hacer una selección cuidadosa de los pares de textos, limpiarlos y alinearlos para poder reutilizarlos después.

Internet es sin duda el entorno más sencillo del que obtener textos con los que crear un corpus *ad hoc* puesto que es una fuente completa de textos electrónicos. La creación de un corpus a partir de la descarga de textos web implica básicamente una operación de recuperación de información que se realiza navegando por Internet para localizar documentos pertinentes y fiables, que pueden guardarse localmente y convertirse en un corpus que luego se analizará con la ayuda de software de concordancia. Entre las principales ventajas de crear un corpus propio a partir de textos tomados de Internet podemos destacar que son fáciles de recopilar, son un gran recurso de información documental, terminológica y fraseológica en ámbitos y temas restringidos. Sin embargo, hay también algunas desventajas si pensamos que no todos los temas, ni todos los tipos de texto, ni todos los idiomas son igualmente adecuados o están disponibles. A esto se añade el hecho de que es necesario evaluar cuidadosamente la pertinencia y fiabilidad de los documentos que deben incluirse porque no todos son válidos.

Para la creación de un corpus *ad hoc* es importante hacer una buena selección de los textos que lo componen puesto que de ello depende que el corpus pueda utilizarse como herramienta de documentación especializada. En las siguientes líneas presento los principios generales para la creación de un corpus, adaptando al ámbito de las migraciones el protocolo que indica Sánchez Ramos (2020, pp. 134-140). Las fases son las siguiente:

1. *Fase de documentación*. Esta fase es primordial y consiste en familiarizarse con el tema, las migraciones en nuestro caso. Para ello podemos usar Internet como fuente de referencia principal con búsquedas en sitios web de instituciones y organizaciones nacionales e internacionales, así como en asociaciones. Algunas organizaciones de referencia en las que podemos encontrar textos en diferentes idiomas son, por ejemplo, la Organización para las migraciones (IOM) dependiente de Naciones Unidas, el Portal de datos sobre migración o la Red Europea para las migraciones[11]. A esta

---

11 Organización para las migraciones: https://www.iom.int/
   Portal de datos sobre migración: https://www.migrationdataportal.org/es

búsqueda podemos añadir otra por palabras clave a través de buscadores como puede ser, por ejemplo, «migración», «migrante», «refugiado», «informe migraciones», «política migratoria» o «datos migración», en los diferentes idiomas en los que queramos crear el corpus. A partir de toda la información que se recopila en esta primera fase tenemos ya un conjunto de textos especializados cuya lectura y consulta nos permite documentarnos sobre el tema.

2. *Fase de compilación.* En esta fase procedemos a la descarga, almacenamiento y conversión a texto plano (.txt) de los documentos seleccionados. Como apunta Seghiri (2017), la descarga puede hacerse de modo manual o automático. En el caso de la descarga manual, el contenido se guarda con la opción correspondiente del navegador con el que estemos trabajando. Por ejemplo, en el caso de *Google Chrome*, la opción la encontramos en la parte superior derecha «Más herramientas/Guardar página como» (o con la combinación de teclas «Ctrl+S»). Para la descarga automática de los contenidos de una web hay diferentes programas que podemos usar. Los más comunes son *HTTrack* y *BootCAT*[12]. *HTTrack* permite descargar un sitio web a un directorio local, construyendo recursivamente todos los directorios, obteniendo HTML, imágenes y otros archivos del servidor al ordenador. Su uso es sencillo: tras descargarlo e instalarlo en nuestro ordenador, nos pedirá que asignemos un nombre al proyecto. Posteriormente ya podremos seleccionar el sitio web que nos interesa, elegir dónde almacenarlo y continuar con el proceso hasta que se descargue por completo en nuestro equipo. Una vez bajado solo tendremos que abrir el archivo index.html o index.htm. En cuanto a *BootCat*, se trata de un software específico para la creación de corpus por lo que a la opción de descargar textos de Internet se añade otra serie de funcionalidades propias de la gestión de corpus. Entre sus ventajas destaca el hecho de que permite automatizar el proceso de búsqueda de textos de referencia en la web y su recopilación en un corpus único. Así, se puede construir un corpus relativamente grande y rápido (normalmente de unos 80 textos,

---

Red Europea para las migraciones: https://home-affairs.ec.europa.eu/networks/european-migration-network-emn_en

12 HTTrack: http://www.httrack.com/
BootCat: https://bootcat.dipintra.it/?section=home

con parámetros predeterminados y sin comprobaciones manuales de calidad) en muy poco tiempo.

3. *Fase de codificación.* Una vez que los textos han sido descargados es muy importante elegir un buen sistema de codificación y almacenamiento de los archivos que componen el corpus para no perder después esta información. Lo ideal es archivarlos en carpetas y subcarpetas ordenadas por idiomas y, si es el caso, por formato de archivo para poder distinguir los formatos originales y los que hemos convertido a texto plano. Con respecto a la codificación, Seghiri (2017, pp. 49 y 50) recomienda numerar cada texto original igual que su traducción (01, 02, 03, etc.) y añadir el código TO para los textos originales, seguidos del código ISO para la lengua de que se trate, y el código TM para los textos meta, seguidos también del código ISO de la lengua en cuestión. La siguiente tabla muestra un ejemplo de cómo quedaría esta codificación para un conjunto de textos del ámbito migratorio.

Tabla 1. Ejemplo de codificación (adaptado de Seghiri (2017, p. 50)

Nombre de la carpeta	Nombre de las subcarpetas por idioma (inglés y español)	Nombre de las subcarpetas por tipo de formato de archivo	Listado de los archivos con su correspondiente codificación
Corpus migraciones	EN ES	TXT PDF	01TO-EN_migración 01TM-ES_migración 02TO-EN_migración 02TM-ES_migración ...

4. *Fase de análisis.* En esta fase se lleva a cabo la explotación de los datos recopilados para la comprobación terminológica y para la investigación fraseológica (Vigier Moreno 2016, p. 873) de modo que podemos conocer los términos de un texto real y acceder a su significado de manera contextualizada. Con este fin se utilizan programas que permiten crear listas de palabras ordenadas por frecuencia, colocaciones o agrupaciones léxicas.

2.3. Herramientas para la explotación de un corpus

El listado de herramientas que permiten la exploración de los datos conteni-dos en un corpus es amplio y algunas de las más utilizadas son, por ejemplo, *Sketch Engine, AntConc* y *LancsBox*[13]. Como es natural, cada programa tiene sus funcionalidades específicas, pero, de manera general, el tipo de información que podemos consultar es la siguiente (Dimas Furtado & Duarte Teixeira, 2022):

a) Listas de palabras con indicación de la frecuencia en la que aparecen en el corpus. Estos listados de palabras pueden consultarse en orden decreciente o creciente de ocurrencias, en orden alfabético desde el principio o desde el final de la palabra, entre otras opciones, depen-diendo del software que se utilice. Además permiten generar listas de agrupaciones de palabras (también conocidas como n-gramas) con dos o más elementos.

b) Listas de palabras clave que se obtienen comparando la lista de pala-bras de un corpus de estudio con la lista de palabras de un corpus de referencia. La lista de palabras clave ayuda a la identificación inicial del tema principal del texto o textos del corpus.

c) Listas de concordancia que muestran las palabras objeto de la bús-queda acompañadas de su contexto de manera que podemos identifi-car patrones recurrentes.

d) Patrones lingüísticos complejos utilizando símbolos especiales. Por ejemplo, palabras que terminen en *ing o frases que encajen con un patrón gramatical determinado.

---

13 En el portal *Tools for Corpus Linguistics* se puede ver un listado actualizado de herramientas con la descripción de sus diferentes funcionalidades: https://cor pus-analysis.com/

Capítulo 3. Gestión terminológica y glosarios en el ámbito migratorio

La relación entre la terminología y la traducción va más allá de la simple función de resolver problemas relativos al léxico especializado puesto que además de ser usuarios, los traductores no sólo crean términos en aquellos casos en los que deben resolver problemas terminológicos no resueltos por los diccionarios y glosarios, sino que también actúan como gestores de la terminología y participan, en ocasiones, de redes colaborativas de traductores en la materia de especialización (Cabré, 2008). Sin embargo, crear glosarios no es una tarea fácil ni trivial, en contra de lo que a primera vista podría parecer desde el punto de vista de una persona no profesional que se dedica a la mediación intercultural de manera voluntaria. Valero Garcés (2005) menciona algunas de las situaciones a las que se enfrenta el traductor cuando desconoce el término, su significado denotativo y connotativo, el uso gramatical en la lengua origen, cuando desconoce si el idioma de destino tiene una unidad léxica equivalente desde el punto de vista semántico y pragmático o si el término elegido es el adecuado para la situación. A este contexto debemos añadir el hecho de que el traductor y el intérprete que trabajan en mediación intercultural están muy lejos de tener este tipo de herramientas y más bien deben ser ellos mismos los que las creen de manera *ad hoc*. Normalmente trabajan con glosarios propios que contienen equivalencias recogidas por ellos mismos o con listas de equivalencias que comparten con otros colegas. En este punto, destacan dos cuestiones mencionadas por Valero Garcés (2005) para determinar las principales dificultades con las que se encuentran el traductor y el intérprete a la hora de crear su propia terminología: por una parte, los cortos plazos de entrega de las traducciones impiden una verdadera y profunda investigación terminológica y, por otra, no disponen de recursos para crear entradas terminológicas documentadas de manera extensa, incluso aunque la información esté disponible. En este sentido, la creación y explotación de recursos terminológicos electrónicos puede contribuir a mejorar el entorno de trabajo del mediador intercultural que se beneficia del tratamiento electrónico de los datos en los siguientes aspectos: acceso rápido a la información, incluidas las búsquedas complejas y avanzadas, fácil reciclaje, actualización y difusión, posibilidad de filtrar los datos, importarlos, promover el trabajo colaborativo y el intercambio de datos, establecer estándares de calidad, además de la posibilidad de integrar el programa de gestión terminológica con el procesador de texto o con programas de traducción asistida así como la posibilidad de proteger los datos (Mesa-Lao, 2008).

3.1. Glosarios y bases de datos terminológicas en el ámbito de las migraciones

En el área de especialidad de las migraciones el recurso terminológico de referencia es IATE, el portal de terminología de la Unión Europea[14]. El proyecto de crear una infraestructura en la red que albergara todos los recursos terminológicos de la UE se inició en 1999 y, desde entonces, se ha utilizado en las instituciones y organismos de la UE para recopilar, divulgar y gestionar la terminología específica de la UE. Cada año IATE registra millones de solicitudes de búsqueda, efectuadas directamente desde su interfaz o a través de otras aplicaciones tanto por usuarios internos como por el público en general.

El proceso de consulta en IATE es muy sencillo ya que simplemente hay que escribir el término en la caja de búsqueda e indicar la lengua de origen y la lengua (o lenguas) meta (Figura 2).

Con la opción «Abrir búsqueda ampliada» (a la derecha de la imagen en la Figura 2) podemos hacer una búsqueda más concreta, indicando el grado de coincidencia con el término, buscar por tipos de término o por campos. También se pueden añadir diferentes filtros para ajustar más nuestra consulta. Una vez completada la ficha de búsqueda, tenemos que pinchar en la lupa que se encuentra a la derecha de la caja de texto y obtenemos un listado completo de equivalencias del término que hemos consultado. Para cada una de las equivalencias se incluye información sobre la fuente de referencia del término, su definición y una nota sobre el nivel de la lengua.

---

14 IATE: https://iate.europa.eu/home

Figura 2. Consulta del término «migración» en IATE

A toda esta información se accede seleccionando la opción «desplegar» (Figura 3).

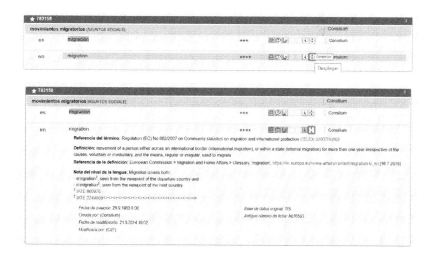

Figura 3. Ficha terminológica para el término «migración»

Junto a la opción de búsqueda por término, una de las funcionalidades más interesantes de IATE es que se puede descargar el resultado de la búsqueda. Para poder acceder a esta opción, es necesario haberse registrado como usuario invitado. A partir de ahí, con la opción «descargar IATE» podemos crear una «petición de descarga» (Figura 4) en la que tendremos que indicar los siguientes datos:

- El formato de salida de los datos, que puede ser CSV o TBX (en la figura se ha seleccionado CSV).
- Las lenguas en las que queremos obtener los datos.
- El catálogo de términos que queremos incluir en la búsqueda.
- Los campos temáticos que queremos aplicar.

En el ámbito de las migraciones podemos comprobar que IATE ofrece una gran riqueza terminológica que, entre otras razones, obedece a la crisis migratoria que se ha desarrollado en Europa desde 2015 y a la necesidad por parte de las instituciones de clasificar y gestionar los conceptos y términos asociados a los flujos migratorios. En este sentido, es interesante mencionar el trabajo de Mariani (2021), quien ofrece un estudio exhaustivo de cómo se reflejan las personas migrantes en la terminología de las instituciones europeas desde 1095 hasta 2016, mediante el análisis de dos conjuntos de corpus: los glosarios del *European Migration Network*

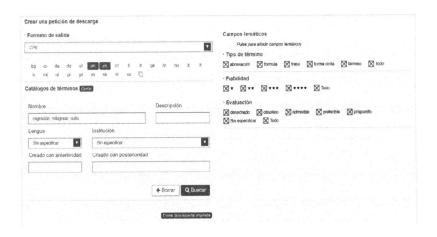

Figura 4. Petición de descarga con IATE

(EMN) de la Comisión Europea y la base de datos oficial de textos legislativos EUR-lex EN 2/16. El estudio se centra en los términos (en inglés) *migrant, refugee* y *asylum seeker* y plantea los siguientes objetivos:

- Investigar cuántos términos de migración se han acuñado hasta el momento.
- Mostrar qué términos se utilizan actualmente para referirse a las distintas categorías de "migrantes" en las instituciones de la UE.
- Reconstruir las clasificaciones de los términos y mostrar la relación entre sus categorías y subcategorías.

Entre las conclusiones del estudio destaca el hecho de que, en la UE, en tanto que «comunidad discursiva», la terminología relacionada con las políticas de migración y asilo varía en función del grado de experiencia de la persona que la emplea y la finalidad comunicativa. Aunque dentro de una institución política cabría esperar homogeneidad y coherencia terminológicas, también hay que tener en cuenta que las instituciones se esfuerzan por promover el diálogo no sólo en la propia institución de la UE, sino sobre todo con los ciudadanos y los medios de comunicación. En este sentido, vemos que la terminología desempeña un papel clave a la hora de definir quiénes son los «actores» del fenómeno migratorio no solo desde el punto de vista legal sino también desde la perspectiva de la comunicación. Al investigar los orígenes y patrones de uso de los términos a lo largo de los años, Mariani (2021) proporciona un marco terminológico que refleja cómo se ha retratado a los inmigrantes en los textos legislativos y comunicados de prensa de la UE. Por una parte, se observa un desbordamiento de nuevos términos que ha contribuido a superar una representación simplificada de las personas migrantes que se desplazan de un país a otro por motivos diferentes y en condiciones distintas. Por otro, la fragmentación terminológica acaba provocando confusión en los textos institucionales, lo cual podría resultar en falta de claridad, con implicaciones ideológicas y traducciones erróneas en los textos.

Junto a IATE, encontramos las siguientes bases de datos terminológicas que contienen glosarios en el ámbito de las migraciones:

a) Glosario de la Organización Internacional para las Migraciones (OIM)[15]. Se trata de un listado de términos disponibles en inglés, francés y español, que se pueden consultar de manera online en su web o mediante la descarga de la publicación en formato pdf (Sironi et al, 2019). Esta última opción solo está disponible en inglés y en español. En todos los casos, los listados de términos son monolingües, lo cual dificulta la localización de términos equivalentes entre las lenguas.

b) El glosario de la Red Europea de Migración (EMN). Este glosario ofrece un vocabulario multidisciplinar de aproximadamente 500 términos y conceptos, traducidos a varias lenguas. El acceso a los términos es siempre a partir del inglés, de manera que al seleccionar el término que se quiere consultar, se abre una ficha terminológica que contiene información sobre la definición, las fuentes y las equivalencias en las lenguas de la UE. El glosario lo elabora un grupo de trabajo específico que colabora con la Comisión Europea.

Fuera del ámbito institucional y relacionado con el trabajo de voluntariado en traducción, *Translators Without Borders* (TWB) ofrece un conjunto de glosarios en el ámbito de la ayuda humanitaria que proporciona traducciones claras y precisas de términos humanitarios en un formato *offline* de fácil acceso[16]. Con la función de audio incorporada, también se pueden escuchar las palabras. Los glosarios de TWB ofrecen diferentes ventajas: (a) estandarizan las formas de traducir e interpretar conceptos y términos importantes, (b) proporcionan palabras coherentes, precisas y fáciles de entender en las lenguas locales; (c) ayudan a los intérpretes a sentirse seguros de su trabajo y (d) dan al trabajador sobre el terreno la confianza de que la persona con la que intenta comunicarse le entiende perfectamente. Estos glosarios, que se han elaborado en colaboración con personas expertas en diferentes campos, cubren áreas temáticas relevantes para las comunidades afectadas en diversas respuestas humanitarias. Los temas incluyen las áreas de vivienda y derechos de propiedad, así como agua, saneamiento e higiene. Además de acceder en línea, los glosarios

---

15 OIM: https://www.iom.int/es/terminos-fundamentales-sobre-migracion
16 Los glosarios están disponibles en este enlace: https://glossaries.clearglobal.org/

pueden consultarse sin conexión a Internet si se han añadido a los marcadores del navegador.

Por último, en este listado no exhaustivo de recursos terminológicos destaca el trabajo de Contreras Blanco (2020), con la recopilación de 108 términos esenciales en el campo de la migración. Este trabajo es el fruto de un trabajo sistemático para la elaboración de fichas de vaciado trilingüe (español-francés-inglés) vinculadas a la temática migratoria, fruto del trabajo realizado por el equipo de investigación interdisciplinar de la Universidad Europea, *Comunicación y migraciones*.

3.2. El formato de intercambio de datos terminológicos: TBX

El formato TBX *(TermBase eXchange)* es un estándar XML para la gestión de bases de datos terminológicas. Se utiliza para intercambiar y compartir información terminológica entre diferentes aplicaciones y sistemas. Fue creado en 2005 por la *International Standards Organization* (ISO) para proporcionar un estándar común para la creación y el intercambio de bases de datos terminológicas y se desarrolló con la colaboración de varios expertos en terminología y lingüística de todo el mundo. TBX se basa en otros estándares existentes como el formato TMX (*Translation Memory eXchange*) y sirve para asegurar la interoperabilidad entre diferentes sistemas y aplicaciones que utilizan bases de datos terminológicas, ya que permite a los usuarios intercambiar datos de manera consistente y estructurada. Además, el formato TBX se utiliza en el proceso de traducción y localización para mejorar la calidad y la precisión de la traducción, al garantizar que los términos y las definiciones se utilicen de manera coherente. En el siguiente ejemplo muestro un extracto TBX para la entrada terminológica que contiene el término «return» en inglés y su equivalente «retour» en francés, con información gramatical y contextual:

```
<termEntry id="c6">
<langSet xml:lang="en">
<tig>
<term>return </term>
<!-- switched -->
<partOfSpeech metaType="termNote">noun</partOfSpeech>
<!-- switched -->
<context metaType="descrip">return of irregularly staying third-
country nationals to the country of nationality or of habitual
residen </context>
</tig>
</langSet>
<langSet xml:lang="fr">
<tig>
<term> retour </term>
<!-- switched -->
<partOfSpeech metaType="termNote">noun</partOfSpeech>
<!-- switched -->
<context metaType="descrip">retour des ressortissants de pays
tiers en séjour irrégulier dans le pays dont ils ont la
nationalité ou dans le pays de résidence habituelle. </context>
</tig>
</langSet>
</termEntry>
```

En este fragmento podemos identificar la etiqueta termEntry, que identifica un registro terminológico para un término, en este caso "return", y utiliza el atributo id para identificarlo

```
<termEntry id="c6">
```

Dentro de la etiqueta termEntry, hay dos secciones langSet y cada una identifica el idioma correspondiente mediante el atributo xml:lang.

```
<langSet xml:lang="en">
```

```
<langSet xml:lang="fr">
```

La sección langSet para el idioma inglés contiene la etiqueta tig, que a su vez contiene la etiqueta term que proporciona la traducción del término al inglés

```
<tig>
<term>return </term>
```

Las etiquetas partOfSpeech y context proporcionan información adicional sobre el término. La etiqueta partOfSpeech identifica la categoría gramatical del término en el idioma correspondiente, en este caso, "noun" o sustantivo

<partOfSpeech metaType="termNote">noun</partOfSpeech>

La etiqueta context proporciona una descripción más detallada del término y cómo se utiliza, en el idioma correspondiente

<context metaType="descrip">retour des ressortissants de
pays tiers en séjour irrégulier dans le pays dont ils ont
la nationalité ou dans le pays de résidence habituelle. </context>

La sección langSet para el idioma francés contiene información similar, pero con la traducción y descripción del término en francés.

En resumen, este ejemplo muestra cómo se puede utilizar el formato TBX para describir y definir términos en diferentes idiomas, así como para proporcionar información adicional, como categorías gramaticales y contexto de uso, para ayudar a los traductores y otros usuarios a comprender y utilizar los términos de manera adecuada.

3.3. La extracción automática de términos para crear recursos terminológicos propios

El proceso de crear un glosario terminológico puede llegar a ser arduo, sobre todo en la identificación de términos. Para llevar a cabo esta labor de una manera eficiente, contamos con herramientas de extracción automática de terminología. La extracción automática de términos (*Automatic Term Extraction*, ATE) es un proceso mediante el cual se utilizan algoritmos y técnicas de procesamiento del lenguaje natural para identificar y extraer términos relevantes de un corpus de textos. Estos términos pueden ser utilizados para indexar documentos, generar resúmenes automáticos, mejorar la búsqueda y la recuperación de información, entre otros usos. Existen diferentes enfoques para la ATE, pero algunos de los más comunes incluyen:

a) Análisis estadístico: se utilizan técnicas estadísticas para analizar la frecuencia y el contexto de las palabras en el corpus de texto. Los términos más relevantes suelen ser aquellos con altas frecuencias en un contexto específico.

b) Análisis semántico: se utilizan técnicas de procesamiento semántico para analizar el significado de las palabras y las relaciones entre ellas.

c) Análisis morfosintáctico: se utilizan técnicas de análisis morfosintáctico para identificar las raíces, las formas flexionadas y las estructuras gramaticales de las palabras.

En general, la ATE es un proceso complejo que requiere una combinación de diferentes técnicas y enfoques para lograr una extracción de términos precisa y útil. Aparte del ahorro de tiempo, otra ventaja significativa de utilizar estas herramientas en lugar de hacer una búsqueda terminológica manual consiste en la posibilidad de especificar distintos criterios de búsqueda, lo que permite adaptar la consulta de búsqueda a una tarea concreta. De este modo, los usuarios pueden consultar todo tipo de información que necesiten sobre el término, así como acotar la búsqueda y filtrar los resultados en función de lo que estén buscando. Por ejemplo, muchas herramientas ATE de última generación ofrecen la posibilidad de ver la información lingüística y estadística sobre el término, el contexto en el que aparece o especificar el número de palabras del término. Desgraciadamente, no todas las herramientas ATE ofrecen un conjunto completo de funciones y configuraciones, lo que hace que a veces resulte difícil encontrar la herramienta perfecta para la tarea en cuestión. Aparte de las funcionalidades que ofrecen, las herramientas ATE también difieren en cuanto al entorno en el que trabajan. Por ejemplo, hay herramientas que requieren instalación y funcionan como programas informáticos independientes, otras están basadas en web y funcionan dentro de un navegador y, por supuesto, existen herramientas de uso comercial incluidas en los paquetes informáticos de traducción.

Con el fin de ilustrar cómo puede llevarse a cabo la extracción automática de términos, presento a continuación el funcionamiento de la herramienta *TermoStat*[17] (Drouin, 2003), una herramienta ATE basada en web de uso muy sencillo. *TermoStat* fue desarrollada por Patrick Drouin en 2003 en la Universidad de Montreal y funciona comparando un conjunto de corpus

---

17 TermoStat: http://termostat.ling.umontreal.ca/

especializados y no especializados para identificar los términos, de manera que cuando recibe un texto como entrada, devuelve una lista de términos candidatos del texto como salida principal. La versión en línea admite textos en francés, inglés, español, italiano y portugués. Cada término recibe una puntuación basada en la frecuencia del término en el corpus de análisis y su frecuencia en otro corpus preprocesado, el corpus de referencia. El corpus de referencia francés consta de unos 28.500.000 de ocurrencias, que corresponden aproximadamente a 560.000 formas diferentes. Se trata de un corpus no técnico compuesto por artículos periodísticos sobre diversos temas extraídos del diario francés *Le Monde* y publicados en 2002. El corpus de referencia en inglés contiene unos 8.000.000 de ocurrencias, que corresponden aproximadamente a 465.000 formas diferentes. Se trata de un corpus no técnico, la mitad del cual procede de artículos periodísticos sobre diversos temas extraídos del diario *The Gazette* de Montreal y publicados entre marzo y mayo de 1989. La otra mitad del corpus de referencia inglés procede del *British National Corpus* (BNC). El corpus de referencia español contiene unos 30.000.000 de ocurrencias, que corresponden aproximadamente a 527.000 formas diferentes. Se trata de un corpus no técnico procedente del Parlamento Europeo. El corpus de referencia italiano contiene 29.000.000 de ocurrencias, que corresponden aproximadamente a 517.000 formas diferentes. Se trata de un corpus no técnico también del Parlamento Europeo. Por último, el corpus de referencia portugués contiene 10.000.000 de ocurrencias, que corresponden aproximadamente a 542.000 formas diferentes. Se trata de un corpus no técnico.

Para acceder a *TermoStat* es necesario registrarse y una vez hemos accedido al programa simplemente tenemos que cargar el corpus del que queremos extraer los términos, indicar después el idioma del corpus y seleccionar el tipo de términos que queremos extraer (términos simples o complejos) así como las categorías gramaticales. A continuación, pulsamos el botón «analyze» y tendremos los resultados de la extracción terminológica (Figura 5).

Como podemos ver, los resultados se muestran como una lista de posibles términos, ordenados, de mayor a menor, por la frecuencia con la que aparecen en nuestro corpus. En el ejemplo, los tres primeros términos candidatos son «migrant», que aparece 99 veces en el corpus, «remittance», que aparece 89 veces, y «trafficking», con 69 ocurrencias. Esta

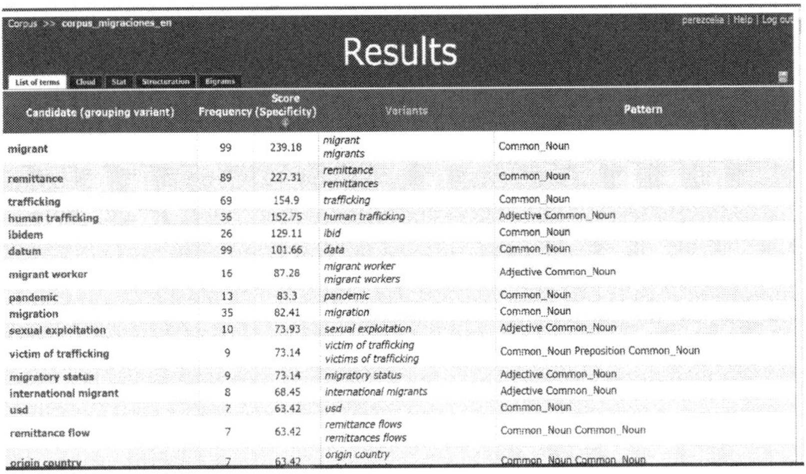

Candidate (grouping variant)	Frequency	Score (Specificity)	Variants	Pattern
migrant	99	239.18	migrant migrants	Common_Noun
remittance	89	227.31	remittance remittances	Common_Noun
trafficking	69	154.9	trafficking	Common_Noun
human trafficking	36	152.75	human trafficking	Adjective Common_Noun
ibidem	26	129.11	ibid	Common_Noun
datum	99	101.66	data	Common_Noun
migrant worker	16	87.28	migrant worker migrant workers	Adjective Common_Noun
pandemic	13	83.3	pandemic	Common_Noun
migration	35	82.41	migration	Common_Noun
sexual exploitation	10	73.93	sexual exploitation	Adjective Common_Noun
victim of trafficking	9	73.14	victim of trafficking victims of trafficking	Common_Noun Preposition Common_Noun
migratory status	9	73.14	migratory status	Adjective Common_Noun
international migrant	8	68.45	international migrants	Adjective Common_Noun
usd	7	63.42	usd	Common_Noun
remittance flow	7	63.42	remittance flows remittances flows	Common_Noun Common_Noun
origin country	7	63.42	origin country	Common_Noun Common_Noun

Figura 5. Ejemplo de extracción terminológica con *TermoStat*

información nos permite conocer la representatividad de cada término en el conjunto del corpus. En el resto de columnas se indica la especificidad del término, que asigna una puntuación (*score*) al término en relación con el corpus completo, las variantes ortográficas con las que el término aparece en el corpus y su patrón gramatical. También se puede acceder al contexto de cada candidato pulsando en el propio término. Se abrirá una nueva ventana con una lista de las frases que contienen el término candidato (en negrita y azul) en su contexto. Las pestañas de la parte superior de esta ventana permiten pasar de la visualización de la frase (*sentences*) a la visualización de la concordancia (KWIC, *key word in context*).

En la Figura 6 se pueden ver las dos opciones de visualización de la palabra «migrants», arriba con la lista de frases en las que aparece, abajo como un listado de concordancias.

Otros modos de consulta son los siguientes:

- Nube de palabras. La nube es la lista alfabética de los 100 términos con mayor puntuación, de modo que se visualizan los términos por la diferencia de tamaño en función de la puntuación que hayan obtenido.
- Estadísticas. Esta ventana muestra el número de candidatos seleccionados para el texto y el número de candidatos para cada matriz. Los

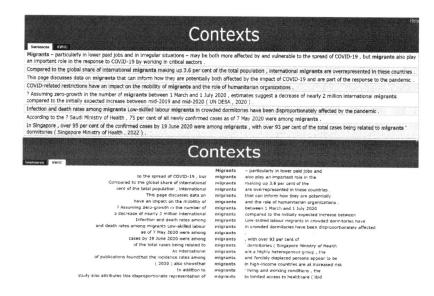

Figura 6. La palabra «migrants» en su contexto.

10 primeros términos de cada matriz son visibles pulsando sobre el número.

- Estructura. Esta página muestra la lista de candidatos en una tabla y, para cada uno de ellos, la lista de candidatos que los incluyen (los enlaces remiten a las entradas de la misma tabla).

- Bigramas. Esta ventana muestra los bigramas compuestos por un verbo y un sustantivo (sujeto u objeto del verbo). Van acompañadas de su frecuencia y de una puntuación que indica el grado de asociación entre las palabras que las componen. Es posible reordenar las columnas haciendo clic en los títulos. Al hacer clic en los verbos o sustantivos, se abre su ventana contextual.

Todos los resultados se pueden descargar en formato. txt, pinchando en el icono del disquete informático que aparece en la parte superior derecha de la pantalla. Esta opción es muy útil porque nos permite trabajar fuera de línea con los datos y, por ejemplo, importarlos a un programa como Excel. A modo de ejemplo, vemos a continuación un extracto del archivo. txt resultado de la descarga de la lista de términos, que contiene los términos «migrant», «remittance», «trafficking», «human trafficking» y «migrant worker»:

> Candidate (grouping variant) Frequency Specificity Variants Pattern
> migrant 99 239.18 migrant___migrants Common_Noun
> remittance 89 227.31 remittance___remittances Common_Noun
> trafficking 69 154.9 trafficking Common_Noun
> human trafficking 36 152.75 human trafficking Adjective Common_Noun
> migrant worker 16 87.28 migrant worker___migrant workers Adjective Common_Noun

Este mismo contenido, una vez importado a Excel con la opción »datos/obtener datos externos/desde un archivo de texto» se mostraría en forma de tabla, del siguiente modo:

Candidate (grouping variant)	Frequency	Specificity	Variants	Pattern
migrant	99	239.18	migrant___ migrants	Common_ Noun
remittance	89	227.31	remittance___ remittances	Common_ Noun
trafficking	69	154.9	trafficking	Common_ Noun
human trafficking	36	152.75	human trafficking	Adjective Common_ Noun
migrant worker	16	87.28	migrant worker__ _migrant workers	Adjective Common_ Noun

3.4. *Humanterm*: un caso de trabajo colaborativo en la creación de recursos terminológicos

A modo de ejemplo presento en esta sección un caso concreto para el desarrollo de recursos terminológicos para los traductores que trabajan en el ámbito de la ayuda humanitaria, en el marco de los proyectos de investigación *Red Inmigra* (P2007/HUM-0475 Comunidad de Madrid) y *Humanterm* (2012 UEM 09, Universidad Europea). Estos dos proyectos se proponen objetivos complementarios. Por una parte, la *Red Inmigra* se centra en el ámbito de la inmigración y, por otra, *Humanterm* en el de la ayuda humanitaria. Ambos tratan de responder a la necesidad acuciante de un acceso rápido a glosarios y diccionarios actualizados en este ámbito, en el que abundan las dificultades, entre las que destacan la insuficiente normalización de los términos y la multiplicidad de fuentes de calidad y fiabilidad variables.

La *Red Inmigra* (P2007/HUM-0475 Comunidad de Madrid) reúne el trabajo de cuatro grupos de investigación de tres universidades españolas (Universidad de Alcalá de Henares, Universidad de Nebrija y Universidad Europea de Madrid) que realizan estudios interdisciplinares en sociolingüística, análisis del discurso, enseñanza del español como lengua extranjera y creación de una herramienta TAO para traductores e intérpretes que trabajan en el ámbito de la inmigración. Los cuatro objetivos de la Red Inmigra son los siguientes:

1. Conocer la realidad sociolingüística y las necesidades comunicativas de la población inmigrante en la Comunidad de Madrid.
2. Contribuir a facilitar la integración lingüística de la población inmigrante en Madrid.
3. Crear un programa de formación para los profesores de español como lengua extranjera que trabajan con inmigrantes.
4. Contribuir a facilitar el proceso de traducción mediante el uso de herramientas TAO.

Abordar estos objetivos implica trabajar en cuatro áreas de investigación complementarias, lo que contribuye a la multidisciplinariedad del proyecto. Estas cuatro áreas de investigación son las siguientes (1) el análisis sociolingüístico, que tiene como objetivo el estudio de las actitudes lingüísticas de la población inmigrante y los patrones comunicativos de la comunidad receptora, (2) el análisis del discurso, que se centra en las características del discurso público sobre la inmigración, con vistas a emitir un informe de buenas prácticas; (3) la enseñanza del español como lengua extranjera, que se centra principalmente en la formación del profesorado y (4) la investigación en tecnologías de la traducción, que trabaja en el desarrollo de herramientas que contribuyan a facilitar el acceso a materiales de referencia, corpus bilingües, memorias de traducción y glosarios, con el fin de mejorar cualitativamente y agilizar el proceso de traducción.

En cuanto a *Humanterm*, su objetivo es crear un glosario multilingüe para la traducción en el sector humanitario que contribuya a paliar la escasez de recursos electrónicos en este ámbito, con dos requisitos fundamentales: en primer lugar, que permita que todos los recursos generados estén disponibles para su uso público; y, en segundo lugar, que facilite la participación de todos y cada uno de los interesados en contribuir de alguna manera al proyecto.

El esfuerzo coordinado de ambos proyectos para la elaboración de una base de datos terminológica colaborativa se organizó siguiendo tres series de tareas relacionadas:

1. *Recopilación de datos*. El objetivo en esta fase era crear un corpus multilingüe que sirviera tanto de herramienta de referencia para los traductores como de base para el desarrollo de otros recursos electrónicos. Las lenguas implicadas son las de mayor incidencia en la población inmigrante en España (es decir, árabe, inglés, francés, chino mandarín, rumano y español), en el caso de *Red Inmigra*, e inglés, francés, ruso y chino en el caso de *Humanterm*.
2. *Desarrollo de recursos*. Con el corpus multilingüe como base, esta fase del proyecto tenía como objetivo desarrollar recursos asociados, como glosarios en línea, texto etiquetado y memorias de traducción.
3. *Intercambio de datos*. Esta etapa pretendía poner en marcha un repositorio web que pusiera todo el material a disposición del público, utilizando estándares de codificación de datos como medio de difusión del trabajo.

En los siguientes apartados se describe detalladamente cómo se ha llevado a cabo cada una de las etapas.

3.4.1. Recopilación de datos

El objetivo principal en esta fase era recopilar un corpus multilingüe alineado que sirviera no sólo como material de referencia para el traductor que trabaja en el contexto de la ayuda humanitaria, sino también como base para la elaboración de otros recursos. En este sentido, el trabajo realizado se centró en la recopilación de textos multilingües utilizados por la administración pública, los organismos oficiales y las instituciones privadas. Para ello, se empleó la metodología de compilación de corpus que ya hemos visto, con el objetivo de reunir una muestra representativa de todas las lenguas implicadas en el proyecto, cuidadosamente seleccionada y adecuadamente almacenada para facilitar su posterior explotación. En concreto, se trabajó en la compilación de un corpus multilingüe paralelo *ad hoc* que diera respuesta a las necesidades específicas de los usuarios que lo compilan con el objetivo resolver problemas concretos y reunir toda la información disponible sobre un tema concreto en poco tiempo. En este sentido, la creación de un corpus *ad hoc* en el ámbito de la ayuda humanitaria, con textos disponibles en Internet, tiene especial interés por dos razones principales: (a) el corpus se convierte en un diccionario basado en el uso real de las palabras en contextos reales y (b) el corpus representa una fuente para el análisis contrastivo de las traducciones.

En el caso de *Humanterm*, la compilación del corpus se realizó siguiendo los siguientes pasos: (1) diseño del corpus, (2) compilación de textos, (3) almacenamiento de datos y (4) alineación. Estos pasos se analizan a continuación.

1. Diseño del corpus. Durante esta primera fase, se decidió el tamaño del corpus, la modalidad de los textos, el área temática, la tipología de los textos, los autores del dominio, las fechas de publicación y las lenguas implicadas. Dado que el usuario final del corpus es el traductor, los esfuerzos se concentraron en tres tipos principales de fuentes textuales: (a) textos y formularios de la administración pública de áreas de mayor impacto como alojamiento, educación, empleo, sanidad, residencia y servicios sociales; (b) legislación e información de la UE sobre políticas de asilo y derechos humanos; y (c) informes internos de ONG.

2. Recopilación de textos. Toda la información del corpus se recogió de Internet y se encontró explorando páginas web oficiales e identificando aquellos sitios web que contenían información multilingüe sobre los dominios descritos anteriormente. A este respecto, se utilizaron las tres fuentes siguientes: (a) el Portal Inmigra Madrid de la Comunidad de Madrid; (b) el sitio web oficial del Ministerio de inclusión, seguridad social y migraciones, que contiene todos los formularios e instrucciones

oficiales relacionados con temas de inmigración, como el asilo, la educación, las prácticas, la residencia de larga duración, los permisos de
viaje y los visados; y (c) un conjunto de sitios web de la UE sobre asilo,
derechos humanos y legislación. El trabajo resultante es un corpus
paralelo virtual *ad hoc*, es decir, un corpus creado para un usuario final
concreto (es decir, el traductor), con información procedente de la web
y útil para obtener información sobre términos y expresiones (con una
visión analítica de las estrategias de traducción). Si bien es cierto que
este tipo de corpus es, por definición, desequilibrado y de extensión
limitada, es, al mismo tiempo, "homogéneo" y extremadamente útil
para el traductor que, entonces, tiene acceso a contextos y traducciones reales (Castillo, 2009, p. 2).

3. Almacenamiento de datos. Siguiendo las recomendaciones de Castillo
(2009), se definió un sistema de codificación del corpus que permitiera
identificar los textos como entidades únicas para facilitar su posterior
análisis y gestión. En consecuencia, se definieron las siguientes siete categorías, que correspondían a siete áreas de interés: alojamiento, servicios
sociales, salud, residencia, empleo, educación y vivienda. A estos se añadieron códigos de tres dígitos y códigos de identificación de la lengua.
Para facilitar la identificación del texto en la fase de alineación, las áreas
que comparten contenido, también comparten códigos numéricos, pero
se distinguen por medio de códigos lingüísticos. También se añadió una
descripción del contenido. A continuación, muestro un ejemplo del sistema de codificación utilizado:

Sistema de codificación del corpus		
Código	Nombre del archivo	Área temática
001_EN	health campaign_EN.html	health
001_ES	health campaign_ES.html	health
001_FR	health campaign_FR.html	health

4. Alineación. Todos los textos se alinearon con sus correspondientes traducciones para dar al corpus un valor añadido para el traductor[18]. Para esta tarea se suelen utilizar dos herramientas diferentes: las memorias de traducción y las concordancias bilingües (Bowker & Barlow, 2008). En el caso de *Humanterm*, elegimos la primera, un motor de memorias de traducción, ya que permitía una mayor flexibilidad de búsqueda y la identificación de concordancias parciales según la elección del propio traductor. La alineación se realizó de forma semiautomática, con validación manual de las equivalencias de traducción. El trabajo resultante es un corpus multilingüe alineado que consta de 22.669 unidades de traducción.

3.4.2. Desarrollo de recursos

Una vez recopilados los datos, el siguiente paso fue el desarrollo de recursos que posteriormente estarían a disposición de la comunidad de traductores. Se crearon dos recursos principales: una memorias de traducción y una serie de glosarios multilingües. Las descripciones detalladas de las memorias de traducción y de sus ventajas las veremos en el siguiente capítulo. Lo importante es que todos los recursos se han desarrollado para suplir la escasez de herramientas en el trabajo diario de los traductores. Aunque las memorias de traducción existen desde hace más de 30 años, el ámbito de la ayuda humanitaria, como se ha señalado anteriormente, ha sido ignorado. En este sentido, los traductores profesionales pueden encontrar aquí valiosas herramientas para su trabajo diario.

Los términos se codificaron utilizando TBX como estándar, de modo que se pudieran reutilizar. El glosario multilingüe se diseñó pensando en el usuario final (es decir, el traductor) y sirve como herramienta terminológica. Esto explica la simplicidad de la ficha terminológica (es decir, término, definición, sinónimos, contexto y fuentes), inspirada en IATE. A continuación, muestro un ejemplo de la ficha del término "catástrofe humanitaria" en español:

---

18 En el siguiente capítulo explico en detalle en qué consiste la alineación.

catástrofe humanitaria

Categoría gramatical: nf

Área: Ayuda humanitaria, Crisis humanitaria

Contexto: La que fue la mayor **catástrofe humanitaria** de los últimos años -causando la muerte a más de 220.000 personas- desató una respuesta histórica por parte de la sociedad española que fue canalizada a través de ONG. Más de 132 millones recaudados que, gracias en gran parte a la solidaridad ciudadana, permitieron en un primer momento realizar una ayuda humanitaria inmediata y, posteriormente, acompañar el desarrollo del país a través de proyectos de salud, educación, agua y saneamiento, lucha contra el cólera, agricultura, soberanía alimentaria o prevención ante futuras catástrofes. El compromiso con Haití continúa; algunas ONGD acaban de recibir fondos de la Agencia Española de Cooperación Internacional y Desarrollo (AECID) para seguir trabajando en el país y apoyando su desarrollo a largo plazo.

Fuente contexto: http://www.isf.es/menu_otros/noticias.php?$sesion_idioma=1&$cod igo=18275

Definición: Suceso que produce gran destrucción o daño entre la población afectada y que moviliza a las asociaciones humanitarias y aglutina corrientes de solidaridad ciudadana a escala nacional e internacional.

Fuentes definición: DRAE; FCB

Notas: 1. Oxímoron que genera debate (véanse los artículos publicados por la revista Puntoycoma de la Unión Europea). En principio, la palabra humanitaria resulta un contrasentido en el contexto de un 'suceso desdichado que produce una desgracia', ya que humanitario significa 'bondadoso y caritativo' y 'que busca el bien de todos los seres humanos'; pero el uso de esta expresión ya está muy asentado en el español actual y, por tanto, es admisible, si bien se aconseja no abusar de ella. Según el contexto, también se puede emplear terrible catástrofe, enorme desastre, catástrofe humana, ecológica, aérea, etcétera.

2. La expresión catástrofe humanitaria ha sido rechazada sistemáticamente desde que Lázaro Carreter le dedicó uno de sus dardos. La razón es

que, según el DRAE, humanitario es 'que mira por el bien de la humanidad' y una catástrofe no hace el bien. Por ello, Lázaro Carreter proponía reemplazarla por catástrofe humana. Por idénticas razones se rechazan a menudo crisis, situación, problema, desastre... humanitario. En el punto de vista contrario están quienes sostienen que es una expresión necesaria, puesto que su sentido no es el mismo que catástrofe humana y que no hay otra expresión equivalente salvo si se recurre a una perífrasis. La RAE aún no ha adoptado una posición oficial al respecto, pero Elena Hernández, en una entrevista a la SER, no descartó la posibilidad de que se acabe admitiendo con un sentido similar a 'catástrofe que requiere de ayuda humanitaria'. El diccionario REDES ya recoge el nuevo sentido de humanitario, que se combina con «el sustantivo catástrofe y con otros que designan situaciones de dificultad, adversidad o infortunio, a menudo con resultados trágicos»: catástrofe, tragedia, crisis, crimen, desastre, problema, preocupación y drama. No registra combinaciones como crisis humana o desastre humano. La Fundéu censuraba 'catástrofe humanitaria' en una recomendación, pero la retiró en junio de 2008.

Fuentes notas:
1. Fundéu.es;
http://ec.europa.eu/translation/bulletins/puntoycoma/100/pyc1008_
es.htm;
http://ec.europa.eu/translation/bulletins/puntoycoma/101/pyc1014_
es.htm
2. http://www.wikilengua.org/index.php/cat%C3%A1strofe_humanitaria

3.4.3. Intercambio de datos

Esta etapa del proyecto se centró en poner los datos terminológicos a disposición del público a través de una plataforma web que también permitiera a los usuarios (traductores, terminólogos, clientes, público en general) participar y colaborar abiertamente y en línea si así lo deseaban. Con este objetivo, se implementó una plataforma virtual de gestión terminológica colaborativa en un entorno Tiki-CMT (*Collaborative Multilingual Terminology*, Désilets et al, 2009). Los usuarios pueden consultar, editar y administrar privilegios en función del grado de implicación o compromiso individual; participar en los foros de debate y chats que se han incorporado a la plataforma; establecer de forma rápida y sencilla las equivalencias entre términos en varios idiomas a través de una plantilla predefinida; presentar el contenido de las entradas terminológicas en diferentes idiomas de forma simultánea; realizar búsquedas terminológicas en varios idiomas al mismo tiempo; y consultar los registros que han recogido el historial de cambios realizados sobre cualquier término. En este contexto, un glosario multilingüe como el desarrollado por *Red Inmigra* y *Humanterm* contribuye a mejorar el entorno de trabajo de los traductores, que se benefician de la gestión electrónica de los datos en los siguientes aspectos: acceso rápido a la información, facilidades de búsqueda avanzada, acceso a información actualizada y aprovechamiento de recursos, filtrado de datos, importación, trabajo colaborativo y compartición de datos, uso de estándares e integración con herramientas de tratamiento de textos y otras herramientas de traducción (Mesa-Lao, 2008). El resultado de esta etapa del proyecto fue una colección de 861 registros[19].

---

19 Todos los registros de términos pueden consultarse en www.humantermuem.es

Capítulo 4. Memorias de traducción para el ámbito migratorio

Las memorias de traducción son uno de los principales recursos que la tecnología pone a disposición del traductor. Definidas como bases de datos en las que se almacenan textos traducidos junto a sus correspondientes textos originales (Austermühl, 2001, p. 135) permiten al traductor reutilizar de manera ágil y eficaz traducciones realizadas previamente y almacenadas en la memoria. Ambos textos, es decir, el original y la traducción se registran en unidades de traducción. Estas unidades de traducción son segmentos que corresponden a pares de frases traducidas, aunque también pueden ser elementos menores a una frase, como el texto que aparece en las celdas de una tabla o las palabras de una lista.

La utilidad de las memorias de traducción se basa en el hecho de que muchos de los textos que tenemos que traducir son versiones de textos anteriores que, por tanto, contienen frases repetidas. Esto ocurre, por ejemplo, en la documentación sobre diferentes versiones de un mismo producto que, en ocasiones, pueden suponer hasta el 50% de texto repetido. Si todo este texto ya se ha traducido previamente y ha quedado almacenado en la memoria de traducción, es fácil recuperarlo para traducciones posteriores y reciclarlo a la hora de hacer una nueva traducción. Cuando esto ocurre, la memoria de traducción compara el nuevo texto que se debe traducir con la base de datos en la que están almacenadas las traducciones previas y recupera las unidades de traducción similares. Esto nos permite reutilizar para nuestras traducciones esta información que se ha guardado en la base de datos.

Desde las primeras implementaciones comerciales en la década de los 90 del siglo XX las memorias de traducción se han utilizado sobre todo en la traducción técnica con el objetivo de acelerar los procesos de traducción y reducir costes. En cierto modo, las memorias de traducción podrían considerarse corpus bilingües alineados puesto que los textos que ambos contienen están alineados por segmentos equivalentes. Sin embargo, tal como apuntan Bowker & Barlow (2008, pp. 10-17), existen ciertas diferencias en el modo en que se explotan los textos que ambas contienen y que, desde el punto de vista profesional, favorecen el uso de las memorias de traducción por encima de los corpus alineados. Se trata, por ejemplo, de la posibilidad de realizar búsquedas automáticas de manera más sencilla para el usuario, con la opción de recuperar texto traducido mientras vamos traduciendo, mayor flexibilidad en la búsqueda y la opción de recuperar no sólo las equivalencias del 100% sino también las equivalencias parciales. Otra de las grandes ventajas de las memorias de traducción es la posibilidad de compartir los datos almacenados, gracias tanto a iniciativas de acceso público como a iniciativas de carácter privado. Algunas de estas iniciativas son las siguientes:

a) *MyMemory*[20]. Esta base de datos se ha creado recopilando memorias de la Unión Europea, las Naciones Unidas y alineando corpus extraído de diferentes sitios web multilingües de dominios específicos. Se pueden descargar memorias gratuitamente en formato TMX y utilizarlas con cualquier herramienta TAO. También se pueden editar los segmentos traducidos o añadir nuevas memorias.

b) *TAUS Data Marketplace*[21]. El objetivo de esta iniciativa privada es proporcionar un mercado universal y seguro de datos lingüísticos que facilite el suministro continuo y a largo plazo de datos lingüísticos de alta calidad para la traducción automática y otras aplicaciones de aprendizaje automático.

c) *Linguee*[22]. Es una plataforma que combina diccionarios con memorias de traducción

En el caso de las migraciones no existe, hasta el momento, ninguna memoria de traducción específica, lo cual abre un reto muy interesante para la comunidad académica e investigadora. En el apartado 4.4. mostraré cómo se puede hacer frente a este desafío con la creación de memorias de traducción ad hoc.

---

20 MyMemory: https://mymemory.translated.net/
21 TAUS Data Marketplace: https://datamarketplace.taus.net/
22 Linguee: https://www.linguee.com/

4.1. Funcionamiento de las memorias de traducción

La primera vez que usamos una memoria de traducción su base de datos está vacía, es decir, no contiene ningún texto traducido. Esto significa que tendremos que ir creando poco a poco nuestra propia memoria de traducción conforme vamos traduciendo. Así, la memoria de traducción va guardando nuestras traducciones junto al texto original a medida que traducimos y cada vez que tenemos que traducir una nueva frase, consulta en su base de datos si hay alguna coincidencia con traducciones previas. Como es natural, cuantos más textos traducidos tengamos almacenados, mayor será nuestra memoria de traducción y mejores resultados nos dará. Otra manera de crear una memoria de traducción es utilizando las traducciones que contienen los corpus paralelos alineados, como ya hemos visto en el capítulo 2. En este caso, si tenemos acceso a corpus paralelos, basta con cargarlos en la base de datos de la memoria para que luego esta los pueda recuperar cuando traducimos.

A la hora de recuperar segmentos, las memorias identifican dos tipos de coincidencias entre el texto que tenemos que traducir y la traducción almacenada en la base de datos, a saber:

a) Coincidencia exacta (*exact match* en inglés). Los segmentos que se recuperan de la base de datos son exactamente iguales a los que debemos traducir, es decir, la coincidencia es idéntica. Veamos un ejemplo:

Segmento que debemos traducir	*An example is shown in figure 3*
Coincidencia exacta en la memoria	*An example is shown in figure 3*

b) Coincidencia parcial (*fuzzy match* en inglés). Los segmentos que se recuperan de la base de datos no son exactamente iguales a los que debemos traducir, pero se asemejan mucho. Veamos un ejemplo:

Segmento que debemos traducir	*An example is shown in figure 3*
Coincidencia parcial en la memoria	*The example is shown in figure 5*

Las memorias de traducción no son útiles para todos los tipos de texto. En aquellos casos en los que tengamos que traducir contenido que no se repite, estas no nos serán de mucha utilidad. Sí lo son, sin embargo, con textos muy repetitivos o con los que son versiones de documentos anteriores que ya tenemos almacenados en la base de datos. En todos estos casos, las memorias de traducción nos permiten traducir más rápido y, por tanto, mejorar nuestra productividad. Además, al reutilizar traducciones previas, podremos mantener la consistencia terminológica entre los textos. En todo caso, es necesario tener en cuenta que los datos no siempre son todo lo fiables que cabría esperar. Por ejemplo, pueden darse incoherencias terminológicas y de estilo entre las diferentes versiones de un documento traducido en equipo si no ha habido un control de calidad exhaustivo al finalizar la traducción. También pueden darse problemas a la hora de reconocer cuál es la versión válida de una traducción.

4.2. El formato de intercambio de memorias de traducción: TMX

Con el fin de poder intercambiar los datos que contiene una memoria de traducción se creó en 1977 el estándar TMX (*Translation Memory eXchange*). Originalmente este estándar surgió de la iniciativa del grupo OSCAR (*Open Standards for Container/Content Allowing Re-use*), un grupo de trabajo dentro de LISA (*Localization Industry Standards Association*). Cuando esta organización desapareció en 2011, el estándar TMX pasó a ser una licencia *Creative Commons* (Savourel & Lommel, 2005). Actualmente, todas las herramientas de traducción pueden guardar y usar los datos de las memorias en este formato.

TMX, al igual que el formato TBX para los datos terminológicos, sigue las especificaciones XML y se define por una serie de etiquetas que dan información sobre la naturaleza y la organización de cada uno de los contenidos del documento, de modo que este queda estructurado (Forcada et al, 2016, p. 58). Las etiquetas, que aparecen entre paréntesis angulares indican las diversas partes del documento, denominadas elementos. Veamos un ejemplo (adaptado de Forcada et al, 2016, p. 222):

```
<tu tuid='511'>
<prop type='tmkey'> more than 700 million people, or 10 per
cent of the world population, lived in extreme poverty
</prop>
<tuv xml:lang='EN-US'>
<seg> more than 700 million people, or 10 per cent of the
world population, lived in extreme poverty </seg>
</tuv>
<tuv xml:lang='FR-FR'>
<seg> plus de 700 millions de personnes, soit 10 % de la
population mondiale, vivaient dans l'extrême pauvreté </seg>
</tuv>
```

En el ejemplo, se muestra una unidad de traducción, con su identificador único

```
<tu tuid='511'>
```

Cada unidad de traducción contiene dos variantes, una para el segmento en inglés

```
<seg> more than 700 million people, or 10 per cent of the
world population, lived in extreme poverty </seg>
```

y la identificación del idioma

```
<tuv xml:lang='EN-US'>
```

y otra para el segmento en francés, también con su identificación del idioma

```
<tuv xml:lang='FR-FR'>),
<seg> plus de 700 millions de personnes, soit 10 % de la population mondiale,
vivaient dans l'extrême pauvreté </seg>
```

además de un elemento **prop** que contiene la clave (*key*) para buscar la unidad de traducción en la base de datos

```
<prop type='tmkey'>
```

4.3. Las memorias de traducción en el ámbito de las migraciones

En el ámbito de las migraciones no existe por ahora una iniciativa concreta en la creación de memorias de traducción. Como ya vimos en el capítulo 1, sí hay una plataforma para el voluntariado en traducción, desarrollada por la organización *Translators without borders* (TWB). Se trata de la plataforma *Kató*, que conecta a organizaciones sin ánimo de lucro de todo el mundo con una comunidad de profesionales de la lengua con el fin de garantizar el acceso a la información en las lenguas locales en las zonas en las que se presta ayuda humanitaria. La comunidad de traducción de *Kató* es diversa y cuenta actualmente con más de 80.000 miembros, que ofrecen servicios lingüísticos profesionales en más de 250 pares de idiomas. *Kató* se estableció originalmente como *TWB Workspace* en 2011 tras una colaboración entre TWB y *ProZ.com* y desde entonces ha ayudado a organizaciones sin ánimo de lucro como *Médicos sin Fronteras*, *Ayuda a los Refugiados* y *Save the Children* a compartir información esencial en diferentes idiomas locales, mejorando el esfuerzo humano y, en última instancia, proporcionando ayuda a las personas en situaciones vulnerables. La versión recientemente mejorada de *Kató* es más robusta que las versiones anteriores y junto a las herramientas TAO incluye una funcionalidad para almacenar términos y desarrollar taxonomías. *Kató* permite traducir diferentes formatos de contenido, incluidos subtítulos y voz en *off* para vídeos. La plataforma utiliza diversas tecnologías, como la traducción automática y las herramientas de control de calidad.

Otra iniciativa en el uso de recursos compartidos para la traducción es la que lleva a cabo la Dirección General de Traducción de la Comisión Europea – DGT (Steinberger et al, 2012) para facilitar la reutilización de sus memorias de traducción. Desde noviembre de 2007, la DGT pone a disposición del público su memoria de traducción multilingüe del Acervo Comunitario, DGT-TM[23], con el fin de apoyar el multilingüismo, la diversidad lingüística y la reutilización de la información de la Comisión. Se trata de un corpus bilingüe alineado que contiene el conjunto de la legislación europea, que comprende todos los tratados, reglamentos y directivas adoptados por la Unión Europea, traducido a las 24 lenguas oficiales. El corpus paralelo está compuesto por textos originales y sus traducciones realizadas manualmente. El acervo comunitario es el mayor corpus paralelo que existe, tanto por su tamaño como por el número de lenguas que

---

23 DGT- Translation memories: https://joint-research-centre.ec.europa.eu/langu age-technology-resources/dgt-translation-memory_en

abarca y contiene el conjunto de normas, actos, principios y programas que, en cada momento, vinculan a todos los Estados miembros de la Unión Europea y que constituyen la base común de funcionamiento de la Unión, en relación con cualquiera de sus ámbitos competenciales y de actuación. La ventaja más destacada del acervo comunitario —además de su libre acceso— es el número de pares de lenguas poco frecuentes (por ejemplo, maltés-estonio o esloveno-finlandés). La primera versión de DGT-TM se publicó en 2007 e incluía documentos publicados hasta el año 2006. En abril de 2012 se publicó DGT-TM-2011, que contiene datos desde 2007 hasta 2010. Desde entonces, los datos se publican anualmente (por ejemplo, los datos de 2011 se publican en 2012 con el nombre de DGT-TM-2012). Mientras que las alineaciones entre los segmentos en lengua original y sus traducciones se verificaron manualmente para DGT-TM-2007, las unidades de traducción se han alineado de manera automática a partir de DGT-TM-2011. El formato de los datos es el mismo para todas las versiones y las unidades de traducción alineadas han sido proporcionadas por la Dirección General de Traducción de la Comisión Europea mediante la extracción de una de sus grandes memorias de traducción compartidas en EURAMIS *(European advanced multilingual information system)*.

Los archivos están organizados por año en una colección de archivos *zip* cada uno de los cuales no supera los 100 MB. Cada archivo comprimido (.zip) contiene archivos *tmx* identificados por el número EUR-Lex de los documentos del acervo comunitario y una lista de archivos en *txt* en la que se especifican las lenguas en las que están disponibles los documentos. Una vez descargado el archivo con el que se quiera trabajar, no es necesario descomprimirlo, ya que el programa de extracción accederá directamente a los datos de los archivos *zip*. Los textos de las distintas lenguas están repartidos en los distintos archivos *zip*, por lo que hay que descargar todos los archivos si queremos tener el corpus paralelo completo. Es posible descargar sólo un subconjunto de los archivos *zip*, de modo que sólo se obtendrá ese subconjunto del corpus paralelo.

También hay que descargar el programa de extracción, *TMXtract* y copiarlo en un directorio adecuado del ordenador. Las instrucciones para extraer los textos alineados son las siguientes[24]:

1. Descargar el programa *TMXtract*.jar
2. Abrir *TMXtract* haciendo doble clic en el archivo *TMXtract*.jar
3. Seleccionar los archivos de entrada (por ejemplo, Volume_1.zip, etc.; es posible realizar una selección múltiple)
4. Especificar el archivo de salida (el resultado es siempre un archivo)
5. Elegir el idioma de origen y de destino
6. Hacer clic en Iniciar

Con esta extracción obtenemos un archivo en formato. tmx que luego podemos importar a cualquier programa de gestión de memorias de traducción y reutilizar los datos en nuestras propias traducciones.

4.4. Creación y gestión de memorias de traducción *ad hoc*

Con el fin de hacer frente a la escasez de memorias de traducción disponibles en el ámbito de las migraciones, vamos a ver en este apartado cómo podemos crear nuestras propias memorias con textos de Internet. Ya vimos en el capítulo 2 el procedimiento para crear corpus bilingües *ad hoc* descargados de Internet y, posteriormente, en el capítulo 3 he mostrado cómo hacer una extracción terminológica automática a partir de estos corpus. En este apartado, vamos a ver cómo podemos usar nuestro corpus bilingüe *ad hoc* para crear una memoria de traducción.

El primer paso consiste en alinear los datos del corpus. Este proceso consiste en emparejar cada segmento del texto original con su traducción de manera que se crean las unidades de traducción que luego formarán parte de la memoria de traducción. Por ejemplo, si retomamos el ejemplo del extracto del corpus bilingüe paralelo que veíamos en el capítulo 2 y lo segmentamos en unidades de traducción, tendríamos el siguiente extracto alineado:

---

24 Las instrucciones completas con ejemplos pueden consultarse en el sitio web *DGT-Translation Memory* como indico en la nota anterior.

Unidad de traducción	Texto original en inglés	Texto traducido al español
UT1	*The EU and its Member States share the competence in the area of immigration.*	*La UE y sus Estados miembros comparten las competencias en el ámbito de la inmigración.*
UT2	*This means that immigration rules are not identical in different EU countries and national authorities are best placed to reply to your detailed questions.*	*Esto significa que los reglamentos de inmigración no son idénticos en los diferentes países de la Unión y las autoridades nacionales son quienes mejor pueden responder a sus preguntas concretas.*
UT3	*There is no European institution handling applications or issuing residence permits on behalf of individual countries.*	*Ninguna institución europea gestiona solicitudes o emite permisos de residencia en nombre de los países individuales.*

El proceso de alineación se hace de manera automática con la ayuda de software específico que, normalmente, viene incorporado en las herramientas de ayuda a la traducción. Para hacer la alineación, este software utiliza una serie de algoritmos para determinar cómo se debe segmentar un texto y puede ocurrir que inicialmente el número de segmentos del texto original sea diferente del número de segmentos del texto meta. Si esto ocurre, quiere decir que el texto no ha sido alineado correctamente y, por tanto, tendremos que hacer una revisión manual. Tal como afirman Forcada et al (2016), diremos que un texto está alineado con su traducción si las dos partes tienen el mismo número N de segmentos y si sus segmentos son traducciones unos de otros. Una vez que tenemos el texto alineado, podemos llevarlo a una memoria de traducción (Figura 7).

En primer lugar, a partir de un bitexto, es decir, un texto y su traducción, se procede a la segmentación en unidades de traducción. Después, mediante un programa de alineación, se establecen las correspondencias entre las unidades de traducción para, posteriormente, una vez que se ha confirmado la correspondencia, crear la memoria de traducción. Como vemos, la alineación nos permite crear una memoria de traducción a partir de un corpus. En todo caso, antes de dar por bueno el resultado de una alineación es necesario revisarla porque, como ya he apuntado, puede

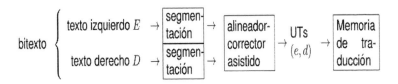

Figura 7. Esquema del proceso de alineación.
Fuente: Forcada et al (2016)

ocurrir que la identificación de las unidades de traducción no haya sido la correcta. La mayoría de los programas de gestión de memoria de traducción ofrecen al usuario la posibilidad de validar o modificar (uniendo o dividiendo segmentos en el texto izquierdo o en el texto derecho) el alineamiento automático inicial usando una interfaz sencilla e intuitiva antes de incorporar los segmentos resultantes a la memoria de traducción. El resultado de la alineación es normalmente un archivo. tmx que podemos cargar en nuestro gestor de memorias de traducción. En la Figura 8 podemos ver un ejemplo de alineación con el programa *MateCat*[25]

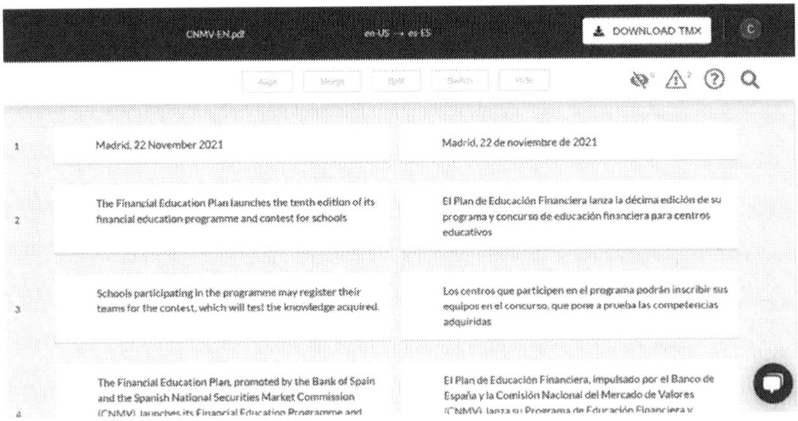

Figura 8. Ejemplo de alineación con la herramienta *MateCAt*

---

25 MateCat: https://www.matecat.com/

MateCat es una herramienta de traducción de código abierto desarrollada de manera conjunta por el centro internacional de investigación FBK (*Fondazione Bruno Kessler*), la empresa de traducción *Translated,* la Université du Maine y la Universidad de Edimburgo. Esta herramienta ofrece un gran abanico de funcionalidades para la traducción, como la creación y la gestión de proyectos, la elaboración de glosarios propios, la incorporación de la traducción automática o la oferta de servicios de traducción. En el caso de la alineación, como vemos en la Figura 8, la herramienta tiene un uso muy sencillo. Simplemente hay que cargar los dos textos que queramos alinear y obtenemos una primera versión de los segmentos alineados numerados y agrupados en diferentes cajas. El alineador de *Matecat* es básicamente un creador de archivos *tmx* y a partir del archivo de origen y el archivo de destino, se alinean los dos textos y se obtiene un archivo *tmx.* Los dos textos se muestran en segmentos, el texto de origen a la izquierda y el texto de destino a la derecha. Hay cuatro funciones que podemos aplicar al resultado de la alineación:

1. Combinar (*Merge*) permite unir dos o más segmentos en uno solo.
2. Alinear (*Align*) dos segmentos que están alineados de manera incorrecta.
3. Dividir (*Split*) un segmento en dos partes.
4. Cambiar (*Switch*) un segmento por otro.
5. Ocultar (*Hide*) un segmento.

Otro aspecto muy importante en la gestión de las memorias de traducción es la necesidad de mantenerlas limpias y actualizadas. Las memorias de traducción crecen continuamente con el tiempo conforme vamos traduciendo. Al mismo tiempo, la terminología suele crearse y gestionarse en un proceso paralelo, no sincronizado con el desarrollo de las memorias de traducción. Esta situación conduce inevitablemente a incoherencias significativas en el contenido de la memoria y puede poner en peligro la calidad de nuestras traducciones, sobre todo cuando trabajamos en equipo ¿Cómo podemos superar este obstáculo? Es bastante habitual que las empresas que trabajan con un gran volumen de contenidos consideren que sus memorias de traducción están contaminadas con incoherencias. Sin embargo, aunque sean conscientes del problema, a menudo dudan en tomar medidas porque limpiar una memoria conlleva un coste económico importante. Hay dos problemas principales que pueden provocar las memorias de traducción que no están correctamente actualizadas:

1. Incoherencias en las traducciones. Puede ocurrir que la memoria de traducción contenga varias traducciones diferentes para exactamente la misma frase de origen. Esto sucede cuando el equipo de traducción lo componen diferentes personas y no se ha usado un programa eficaz de mantenimiento de las memorias de traducción. La tendencia actual es la centralización en la gestión de la traducción entre varios equipos, lo que también ha agravado la situación.

2. Inconsistencias entre la terminología validada y los términos utilizados en las memorias de traducción. Este parece ser el problema más común y más importante. Las empresas invierten tiempo y dinero en crear una base terminológica sólida y validada, pero en la mayoría de los casos no está sincronizada con las memorias. Puede darse el caso, incluso, que las memorias de traducción se hayan creado mucho antes de que se adoptara un enfoque terminológico sistemático.

El problema en ambos casos se origina cuando se crean o actualizan nuevos contenidos reutilizando los ya traducidos y aprobados. En esta situación surge la cuestión de hasta qué punto debería usarse la nueva terminología, ya aprobada, en los nuevos textos ya que hacerlo llevaría a un uso incoherente de los términos entre el nuevo contenido y el contenido ya traducido con anterioridad. Para solucionar el problema de la actualización de los datos en las memorias, se suelen utilizar diferentes estrategias en función del tipo de error que se debe corregir.

Los errores de traducción más comunes, como los terminológicos, tipográficos o numéricos, pueden eliminarse de manera automática con la ayuda de programas específicos que identifican y eliminan las unidades de traducción que contienen algún tipo de error. Se trata de errores como los siguientes:

1. Errores superficiales, como etiquetas de apertura/cierre, y traducciones vacías o sospechosamente largas o cortas.

2. Incoherencias lingüísticas como, por ejemplo, cuando las lenguas de cada segmento no corresponden entre ellas.

3. Problemas de fluidez de la traducción, como erratas y errores gramaticales (por ejemplo, concordancia morfosintáctica incorrecta u ordenación incorrecta de las palabras).

4. Problemas de adecuación de la traducción, como la presencia de términos no traducidos o fenómenos más complejos (por ejemplo, errores de errores de negación y cuantificación) para los que una traducción sintácticamente correcta puede ser una traducción semánticamente deficiente del segmento de origen.

La gravedad de cada error es otro aspecto que debe tenerse en cuenta ya que, a veces, resulta complicado decidir si un error determinado es relevante o no. Por ejemplo, juzgar la utilidad de una unidad de traducción a la que le faltan o le sobran palabras puede ser una decisión subjetiva. Por este motivo, la identificación automática de las unidades de traducción que deben corregirse (o eliminarse) puede suponer un problema. Lo ideal sería que una herramienta de limpieza de datos permitiese a los usuarios marcar las unidades de traducción que puedan resultar problemáticas (dejando la decisión final al criterio humano). Por ejemplo, los errores de traducción, los textos obsoletos o los errores de segmentación siempre debe revisarlos una persona.

Para conseguir una traducción de alta calidad, es necesario que los textos de la memoria de traducción estén lingüísticamente limpios y que se evite la aparición de demasiadas variantes de traducción. A pesar de todos los esfuerzos, no es raro descubrir fallos en una memoria de traducción incluso después de varios años. El traductor puede corregir o eliminar inmediatamente las traducciones incorrectas o duplicadas y sus variantes mientras va traduciendo. De este modo, la memoria de traducción puede limpiarse de traducciones no deseadas al instante y con regularidad. Sin embargo, si la memoria de traducción recoge contenido traducido a lo largo del tiempo por varios traductores esta opción ya no es tan eficaz.

Algunos programas de código abierto para la limpieza automática de las memorias de traducción son los siguientes:

a) TMOP[26]. Es un software de código abierto escrito en Python, desarrollado en la *Fondazione Bruno Kessler* con el apoyo de la Asociación Europea de Traducción Automática (EAMT) y el proyecto europeo

---

26 TMOP: https://github.com/hlt-mt/TMOP

Modern Machine Translation (MMT). Puede descargarse como un paquete que incluye el software, la documentación, los datos de prueba y los *scripts*. El objetivo de TMOP es identificar y eliminar de la memoria todas las unidades de traducción en las que cualquiera de los dos elementos textuales muestra alguna de estas características: es sintácticamente deficiente, semánticamente diferente del otro o incorrecto según criterios de formato (Masoud Jalili Sabet et al, 2016).

b) Bifixer[27]. Es un software desarrollado por Ramírez Sánchez et al (2020) para limpiar las memorias de traducción del siguiente modo:
  - Normaliza la puntuación y los espacios.
  - Elimina las etiquetas HTMK.
  - Comprueba y corrige la ortografía.
  - Elimina las unidades de traducción que estén vacías en el segmento original o en la traducción.
  - Elimina las unidades de traducción que estén duplicadas.

c) Bicleaner[28]. Es una herramienta desarrollada por Sánchez-Cartagena et al (2018) que permite detectar errores en la alineación de un corpus. El programa indica la probabilidad de un par de frases sean una correspondencia de traducción una de otra (marcada con un valor cercano a 1) o que, por el contrario, no lo sean (marcado entonces con un valor cercano a 0). Los pares de frases con un valor cercano a 0 se descartan.

Una memoria de traducción depurada de este modo es más eficaz para futuras traducciones y puede acelerar considerablemente el proceso de traducción. Hoy en día, cada vez más empresas deciden invertir tiempo y dinero en la limpieza de sus memorias de traducción, ya que prefieren la calidad y la coherencia de las traducciones futuras al peligro de las traducciones incorrectas. El proveedor de servicios de traducción debe evaluar periódicamente el estado de la memoria de traducción, informar al cliente a tiempo y gestionar todo el proceso de limpieza de la memoria de traducción.

---

27 Bifixer: https://github.com/bitextor/bifixer
28 Bicleaner: https://github.com/bitextor/bifixer

4.5. Los derechos de propiedad de las memorias de traducción

Los traductores suelen crear un archivo de memoria de traducción como un subproducto de una traducción. En la actualidad, la entrega de archivos de memorias de traducción a la agencia después de un trabajo de traducción se ha convertido en una práctica usual independientemente de si se ha especificado o no en los contratos de los proyectos de traducción. A falta de un acuerdo contractual sobre la propiedad de estos datos, la situación jurídica real de una traducción o de los objetos de traducción está sujeta a una serie de leyes nacionales e internacionales que no quedan del todo claras. Por ejemplo, la autoría de un texto original, incluido el derecho de decidir si el trabajo se traduce, depende del país en el que se contrate al autor, y la cesión contractual de la autoría sólo es válida en algunas jurisdicciones.

La protección de las bases de datos está reconocida en el ámbito internacional y en la Unión Europea. En primer lugar, el Convenio de Berna establece explícitamente (apartado 2 del artículo 5 relativo a las obras protegidas) que "las colecciones de obras literarias o artísticas, tales como enciclopedias y antologías que, por la selección y disposición de su contenido constituyan creaciones intelectuales, serán protegidas como tales, sin perjuicio de los derechos de autor de cada una de las obras que formen parte de dichas colecciones ". En segundo lugar, el Acuerdo sobre los Aspectos de los Derechos de Propiedad Intelectual (ADPIC) y el Tratado Mundial sobre Derechos de Autor extienden la protección de las bases de datos a las recopilaciones de datos o de otro material que, debido a la selección o a la disposición de su contenido constituyan creaciones intelectuales. Esta redacción que se refiere a "compilaciones de datos u otro material" permite proteger bases de datos que no contengan elementos protegibles por derechos de autor. Asimismo, ambos acuerdos estipulan que la protección de las bases de datos no se extiende a los datos o al material en sí y se entiende sin perjuicio de cualquier derecho de autor que subsista en los datos o el material contenidos en la compilación.

Por su parte, la legislación de la Unión Europea prevé una protección específica de las bases de datos, que va más allá de otros instrumentos jurídicos internacionales. La Directiva de la Unión Europea sobre bases de datos (Directiva 96/9/CE) se adoptó con el objetivo de armonizar la protección de las bases de datos en todos los Estados miembros. La definición de base de datos es bastante amplia en esta Directiva: "una colección de obras, datos u otros materiales independientes dispuestos de manera sistemática y accesible individualmente por medios electrónicos o de otro tipo ". Por lo tanto, engloba bases de datos que incluyen elementos protegidos y no protegidos por derechos de autor, así como bases de datos en formato electrónico. Las memorias de traducción contienen datos ordenados de forma sistemática y metódica y dichos datos son accesibles individualmente por medios electrónicos. Las memorias de traducción se consideran, por tanto, como "bases de datos" en el sentido que indica la Directiva sobre bases de datos. Esta conclusión contrasta, por ejemplo, con la legislación estadounidense que tiene un enfoque más restrictivo. En este país, las bases de datos sólo pueden protegerse por *copyright* si se consideran compilaciones, es decir, como "una colección de materiales preexistentes o de datos seleccionados de tal manera que la obra resultante en su conjunto constituye una obra original de autoría" (Smith, 2009).

La Directiva Europea sobre bases de datos establece que la protección de los derechos de autor se concede a las bases de datos que, como tales, por razón de la selección o disposición de su contenido, constituyan la creación intelectual propia del autor. Dicha definición remite a la noción de "originalidad" relacionada con el derecho de autor general. En este punto, el Tribunal de Justicia de la Unión Europea aclara que «por lo que respecta a la creación de una base de datos, dicho criterio de originalidad se cumple cuando, mediante la selección o la disposición de los datos que contiene, su autor expresa de manera original su capacidad creativa mediante elecciones libres y creativas, imprimiendo así su 'toque personal'». Por consiguiente, una base de datos puede estar protegida por derechos de autor, aunque los elementos contenidos en ella sean de dominio público o no estén protegidos por derechos de autor. De las consideraciones anteriores se desprende que el objeto del derecho de autor sobre una base de datos es la estructura de dicha base de datos, independientemente del derecho de autor que pueda existir sobre los elementos contenidos en ella.

Por lo tanto, la estructura de una memoria de traducción es clave a este respecto. Si es original en el sentido de que es el resultado de elecciones personales en términos, por ejemplo, de segmentación y alineación de los datos, podría contemplarse una protección de los derechos de autor. Por el contrario, si las elecciones son de tipo técnico, no se puede considerar que los datos sean originales y, por tanto, no se podrá proteger por derechos de autor. Algunos juristas opinan que la mayoría de las memorias de traducción no están protegidas por derechos de autor (ni en la Unión Europea ni en EE.UU., por ejemplo) porque lo más probable es que la selección y disposición de los datos no presente originalidad. Esta es una postura que debe ser matizada en función de las posibles elecciones originales realizadas al segmentar y alinear los datos.

La cuestión se complica por el hecho de que las traducciones que contienen las memorias implican la creación de varios elementos, cada uno de los cuales puede estar protegido por derechos de autor:

1. El propio documento original, que puede protegerse mediante derechos de autor, siempre que cumpla las condiciones legales establecidas en la legislación nacional que sea aplicable; dichos derechos de autor benefician a uno o varios autores y pueden transferirse o concederse en licencia, ya sea por efecto de la ley o por contrato.

2. La traducción realizada por uno o varios traductores, que puede estar protegida por derechos de autor siempre que cumpla las condiciones legales establecidas en la legislación nacional aplicable; dichos derechos de autor benefician a uno o varios autores y pueden transferirse a terceros.

3. La base de datos original que contiene los documentos fuente y sus correspondientes traducciones, segmentada y alineada por un programa informático adecuado y cuya estructura puede protegerse mediante derechos de autor, siempre que cumpla las condiciones legales establecidas en la legislación nacional aplicable; dichos derechos de autor benefician a uno o varios autores y pueden ser cedidos o licenciados bien por efecto de la ley o por contrato.

4. Las traducciones subsiguientes —que posteriormente se vuelven a introducir en la base de datos de traducción— a partir de las correspondencias existentes entre segmentos de documentos fuente y sus traducciones mediante una memoria de traducción y poseditadas por uno o varios traductores humanos, cuya traducción puede estar protegida por derechos de autor siempre que cumpla las condiciones legales

establecidas en la legislación nacional aplicable; dichos derechos de autor benefician a uno o varios autores y pueden transferirse o licenciarse ya sea por efecto de la ley o por contrato.

Esta lista presenta una situación compleja en la que intervienen diferentes factores: el autor del documento fuente, el editor de la obra, el traductor humano inicial, el cliente que solicita y paga una traducción, el creador de una base de datos de traducción, el traductor humano que posedita una traducción automática y la empresa de traducción. La complejidad se multiplica por el número de acciones implicadas, cada una de las cuales tiene sus propias peculiaridades. Por ejemplo, en la industria de la traducción no es raro que los clientes se nieguen a alimentar grandes memorias de traducción que beneficiarían a otros clientes de una determinada empresa de traducción y que, por tanto, soliciten una base de datos separada y dedicada para la traducción de sus propios contenidos. Además, algunos clientes crean sus propias memorias de traducción y firman por contrato la transferencia de propiedad o imponen una licencia de uso a la empresa de traducción.

La complejidad de la situación nos lleva a la conclusión de que cada circunstancia particular es diferente y requiere un análisis jurídico caso por caso a la luz de los elementos de hecho y de las relaciones contractuales existentes. Además, es necesario tener en cuenta las cuestiones contractuales relacionadas con conceptos como la coautoría, las especificidades de cada régimen jurídico nacional y prever cuestiones en relación con el derecho internacional privado debido al flujo transfronterizo de datos. Ante esta situación, es complicado determinar a quién pertenecen los derechos de autor de una base de datos de memoria de traducción puesto que varias partes puedan ser propietarias de su contenido. Las bases de datos originales deben determinarse caso por caso, teniendo en cuenta en particular el juicio ejercido durante la selección de los textos. Las memorias de traducción contienen datos que están inextricablemente conectados a textos protegibles, por lo que la protección de los derechos de autor que ya existe en este contenido ya cubre este tipo de datos. Por su parte, las unidades de traducción no pueden copiarse porque también son textos. La protección también se consigue mediante limitaciones contractuales y tecnológicas al acceso. Quizá, tal como apunta Gow (2007), lo importante no es saber a quién pertenece la memoria de traducción sino buscar formas de usar de modo eficiente nuestros recursos lingüísticos respetando los intereses legítimos de todas las partes interesadas, incluidos los clientes, los traductores y el público en general.

Capítulo 5. Traducción automática y migraciones

Desde sus inicios, la traducción automática (TA) ha estado rodeada siempre de controversia, enfrentando a escépticos y visionarios dentro y fuera del mundo de la traducción. En realidad, entre aquellos que ven la TA como un instrumento inútil dada la complejidad de la lengua y los que abogan por una sustitución de la persona a manos de la máquina de traducir, hay todo un campo fértil en el que la TA resulta de gran utilidad.

Antes de entrar en esta discusión, conviene recordar que, en cualquier caso, lo cierto es que las máquinas no piensan y, por tanto, las traducciones que genera de manera automática un ordenador no son en ningún caso el resultado de un sistema inteligente sino de una serie de algoritmos previamente programados (Melby, 1994). La historia de la TA es extensa (Sánchez Ramos & Rico Pérez, 2020) y los tipos de sistemas que pueden implementarse son variados en su arquitectura. Sin embargo, desde el punto de vista del traductor, lo importante es conocer el uso que se le va a dar a la TA ya que así podremos determinar los criterios para la evaluación de la calidad del texto traducido. Por ejemplo, no es lo mismo pretender que un ordenador traduzca sin ayuda humana un manual técnico de, pongamos por caso, el mantenimiento de un automóvil, que el texto publicitario de un folleto para la divulgación de un producto. Los contextos en los que la TA resulta útil son, por una parte, aquellos en los que el uso del lenguaje se puede "controlar", en el sentido apuntado por Rico & Torrejón (2004), esto es, empleando un vocabulario y una gramática restringidas que eliminen las ambigüedades del texto y mantengan la coherencia terminológica. Por otra parte, la TA produce también resultados satisfactorios en casos en los que el texto traducido tiene un uso interno y perecedero, de modo que la traducción ayuda al lector a comprender una información a la que de otro modo no tendría acceso. En estos casos, la TA no supone una amenaza para el traductor por cuanto su implementación se plantea bien como una ayuda a su trabajo, bien como una herramienta de uso rápido en situaciones donde los traductores no tendrían cabida.

Un aspecto muy importante que debe tenerse en cuenta es que la TA no funciona como un diccionario electrónico ni como una memoria de traducción, aunque a veces nos pueda dar la impresión de que todas estas herramientas son lo mismo. Las diferencias entre ellas son las siguientes:

a) Los diccionarios electrónicos nos ofrecen la traducción de palabras sin contexto, además de proporcionarnos sus significados.

b) Las memorias de traducción almacenan traducciones que hemos hecho previamente y que luego podemos reutilizar, pero no producen nuevas traducciones desde cero.

c) La traducción automática crea nuevas traducciones a partir de algoritmos de inteligencia artificial preentrenados.

La TA es, por su propia definición, aquella que se genera automáticamente sin ningún tipo de intervención humana, es decir, quien traduce es el ordenador, que, mediante una serie de algoritmos internos, produce la traducción de un texto original. Lo importante, entonces, es saber qué ocurre dentro del ordenador para que este nos dé una traducción. Originalmente, cuando se iniciaron las primeras investigaciones en TA en la década de los 50 del siglo XX, los algoritmos de traducción estaban basados en reglas lingüísticas codificadas como lenguaje de programación. Estas reglas lingüísticas recogían información morfológica sobre la formación de las palabras en las lenguas original y meta, información léxica sobre el significado y la traducción de las palabras e información sobre construcciones sintácticas en cada lengua. Para hacer la traducción, el ordenador seguía una secuencia parecida a la que se indica en la Figura 9.

Con el avance de la informática y la inteligencia artificial a lo largo del tiempo, también la TA fue adaptando sus métodos a los nuevos desarrollos y así pasó, al principio del siglo XXI, a programas de traducción basados en la estadística. En este caso, se trata de crear modelos estadísticos a partir de grandes cantidades de información contenida en corpus de textos traducidos. Con estos modelos, el ordenador produce nuevas traducciones calculando la probabilidad de que una determinada frase sea la traducción de otra. Por último, con la llegada de la inteligencia artificial, la TA ha adaptado también sus métodos a esta nueva disciplina y ha incorporado el uso de redes neuronales. Estas redes permiten al ordenador simular el comportamiento del cerebro humano y crear traducciones muy parecidas

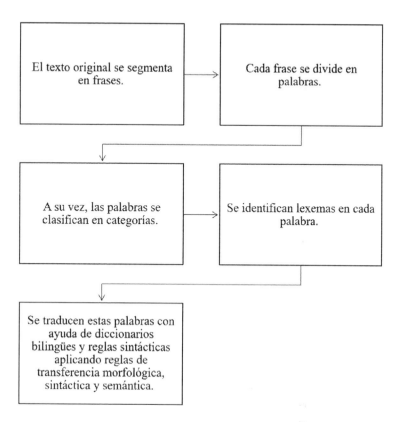

Figura 9. Procesamiento secuencial de la traducción automática basada en reglas

a las que podría hacer una persona (Sánchez Ramos & Rico Pérez, 2020, pp. 21-27).

El núcleo del proceso de la TA neuronal está en el «entrenamiento» de las redes neuronales. En la fase de entrenamiento, la red neuronal «aprende» a procesar las unidades de traducción del texto origen en formulaciones matemáticas para luego interpretar el resultado y poder generar una traducción a partir de otra serie de cálculos matemáticos predictivos. La red neuronal está compuesta por diferentes nodos distribuidos en varias capas que se activan y reciben pesos positivos o negativos en función de esta activación. En la capa de entrada, los nodos de la red reciben información en forma de datos numéricos y la envían a los nodos de la siguiente capa, la oculta. Esta información activa los nodos de esta capa oculta, que es donde se da el aprendizaje y que, a su vez, activará los nodos con pesos positivos para las respuestas más cercanas al input de la capa de entrada. En la capa de salida, los nodos reciben la información procedente de la capa oculta para determinar si el entrenamiento ha sido adecuado. En el modelo más clásico de redes recurrentes (Bahdanau et al, 2014), los pares de frases alineados se presentan de manera repetida al sistema y este va generando traducciones (correctas e incorrectas) y, en función del resultado, se calcula el error respecto a la salida (traducción) esperada. Finalmente, se recorre hacia atrás la misma red propagando ese error de tal forma que las neuronas que más importancia han tenido en el cálculo final tendrán pesos positivos. El resto tendrá pesos negativos, que desactivan las conexiones incorrectas. La activación de cada conexión depende, por tanto, de otras neuronas y del peso de cada conexión. Así, el signo y la magnitud de los pesos determina el comportamiento de la red y el entrenamiento fija los pesos a los valores necesarios para asegurar un comportamiento (traducción) concreto (Pérez-Ortiz et al, 2022). Una vez que la red está entrenada, esta constituye el núcleo del motor de TA con el que se podrán hacer nuevas traducciones.

Cuando nos encontramos frente a la máquina que traduce no podemos dejar de sentir cierta fascinación al comprobar cómo un ente digital puede producir un texto con apariencia de origen humano. En un intento de explicarnos cómo funciona solemos usar metáforas como que la máquina «aprende», «piensa», «decide», de modo que la humanizamos con el fin de poder comprender algo que nos es desconocido. Esto dota de cierto misterio a esos «cerebros sintéticos» que traducen y que son «indescifrables para el gran público, pero capaces de asumir tareas con un altísimo rendimiento» (Torrijos Caruda, 2022, p. 31). Sin embargo, lo que hay detrás de la máquina y su supuesta inteligencia es, de hecho, un sistema algorítmico complejo de reconocimiento de patrones que procesa cantidades inimaginables de datos, usando para ello una ingente cantidad de recursos informáticos, con un alto coste asociado no solo desde el punto de vista económico sino también medioambiental (Bender et al, 2021). Una vez procesados los datos, el sistema reproduce de manera probabilística los patrones observados, con distintos grados de fiabilidad y utilidad, pero siempre guiados por los datos de entrenamiento (Bender, 2022). En el caso de la TA los patrones de traducción se extraen a partir de corpus paralelos de millones de palabras y segmentos traducidos con los que se pueden entrenar redes neuronales que, de algún modo, simulan el comportamiento humano al traducir. Así, la calidad de estas traducciones generadas automáticamente depende, por una parte, de los datos que se usen para el entrenamiento y, por otra, de las técnicas de inteligencia artificial empleadas. Sin embargo, conviene recordar que por mucho que la inteligencia artificial pueda reproducir el lenguaje humano lo que en realidad hace no es «comprender» ni «aprender», sino hacer cálculos y asignar significados a partir de unas instrucciones y ejemplos que ya se han procesado previamente. Además, la «magia» de estos modelos cuando producen lenguaje se debe a los ajustes que se hacen con retroalimentación humana, en la que se recogen puntuaciones sobre la adecuación del contenido que ha generado la máquina para mejorar los resultados automáticos y con ellos, volver a entrenar el sistema. Con este procedimiento se ajusta el comportamiento de la máquina a las preferencias declaradas de un grupo específico de personas, esto es, las personas que etiquetan los resultados (Ouyang et al, 2022). Como vemos, en realidad, la traducción automática es una cuestión de números y el texto que se genera no tiene ninguna intención comunicativa porque, en realidad, la máquina no tiene capacidad para compartir pensamientos de ningún tipo.

A continuación, podemos ver una comparación de las traducciones que realiza un programa de TA basado en reglas (*Apertium*[29]) y otro basado en redes neuronales (*DeepL*[30]). Con esta comparación podemos ver la evolución que supone en la calidad el resultado de los primeros programas basados en reglas secuenciales y los desarrollos de la inteligencia artificial. En cada caso, he marcado en negrita algunos segmentos que comentaré más abajo.

Texto original[31]

The Skilled Worker visa
Applicants can qualify on slightly lower salaries under certain circumstances:

---

29 Apertium: https://www.apertium.org/
30 DeepL: https://www.deepl.com/es/translator
31 Fuente del texto: https://www.gov.uk/skilled-worker-visa

- If the occupation the worker will take up is on the Shortage Occupation List, the salary requirement falls by 20%;
- If they are working in one of 24 public service occupations – such as doctors, nurses, pharmacists, dentists, paramedics, and primary and secondary school teachers – they must be paid according to nationally agreed pay scales.

TA basada en reglas con el programa *Apertium*

Visado para trabajadores cualificados.

Los **Solicitantes** *de visado de Trabajador Especializados pueden capacitar encima ligeramente salarios más bajos bajo circunstancias seguras:*
- Si la ocupación el trabajador tomará arriba es en **la Lista de Ocupación de la Escasez**, *las caídas de requisito del salario por 20%;*
*- Si están obrando en uno de 24 servicio público ocupaciones – como doctores, enfermeros, **pharmacists**, dentistas, paramedics, y primarios y profesores escolares secundarios – **tienen que ser pagados** según nacionalmente balanza de paga acordada.*

TA neuronal con el programa *DeepL*

Visado para trabajadores cualificados.
Los solicitantes pueden optar a un salario ligeramente inferior *en determinadas circunstancias:*
- Si la ocupación que va a desempeñar el trabajador figura en la **Lista de Ocupaciones Escasas**, *el requisito salarial se reduce en un 20 %;*
- Si trabajan en una de las 24 profesiones de los servicios públicos -como médicos, enfermeros, farmacéuticos, dentistas, paramédicos y profesores de primaria y secundaria-, deben ser remunerados de acuerdo con las escalas salariales acordadas a nivel nacional.

En el caso de la traducción con *Apertium* comprobamos que el resultado es muy rudimentario y que la traducción contiene errores importantes en el uso de las mayúsculas (por ejemplo, en la palabra *Solicitantes*, entre otras), frases incomprensibles (*Lista de Ocupaciones de la Escasez*), palabras sin traducir (*pharmacists*) o calcos sintácticos (*tienen que ser pagados*), entre otros errores. Resulta obvio que esta traducción dista mucho de poder considerarse como aceptable, ni siquiera como un posible borrador de traducción. Sin embargo, en el caso de la traducción que ofrece *DeepL* observamos que el resultado de la traducción es fluido y que, a pesar de que contiene errores, se puede usar como una primera versión borrador sobre la que podemos trabajar. Un error destacable es, por ejemplo, la frase «los solicitantes pueden optar a un salario ligeramente inferior», que *DeepL* ofrece como traducción de «applicants can qualify on slightly lower salaries». En este caso, aunque la frase en español resulta fluida y natural, en realidad no es fiel al original. Este se refiere a la idea de que los solicitantes de visado como trabajadores especializados pueden obtenerlo, pero con un salario menor; no se trata de que los solicitantes opten a un salario menor, sino de que opten al visado con un salario menor. Así pues, una traducción posible sería, entonces «los solicitantes pueden optar al visado con un salario ligeramente inferior». Otro ejemplo interesante es de tipo terminológico, en la construcción «lista de ocupaciones escasas» que corresponde a «ocupaciones de difícil cobertura».

En este punto es conveniente tener en cuenta que dadas las cualidades cada vez más fluidas del texto generado automáticamente, puede dar la impresión de que se crea una situación comunicativa, pero esto es así porque nuestra percepción del texto en lenguaje natural, independientemente de cómo se haya generado, está mediada por nuestra propia competencia lingüística y nuestra predisposición a interpretar los actos comunicativos como si transmitieran un significado y una intención coherentes, lo hagan o no. Así, la comprensión del significado implícito es una ilusión que surge de nuestra singular comprensión humana del lenguaje (Bender et al, 2021, p. 616). El aumento en la fluidez del resultado de la traducción automática modifica la percepción de la adecuación de dicho resultado. Sin embargo, los sistemas de traducción automática pueden producir resultados inexactos, aunque fluidos y aparentemente coherentes por sí mismos para un consumidor que no ve el texto original o que no puede entenderlo por sí mismo (Martindale & Carpuat, 2018). A los grandes modelos lingüísticos de la inteligencia artificial se les puede «pedir» que realicen una serie de tareas de procesamiento del lenguaje natural si se les proporcionan algunos ejemplos de esa misma tarea. No obstante, estos modelos pueden llegar a tener comportamientos no deseados tales como inventarse hechos, generar textos sesgados o tóxicos (Ouyang et al, 2022). La cuestión que surge entonces es conocer cómo podemos aprovechar todo el potencial de la máquina en la traducción de textos del área de las migraciones.

5.1. La traducción automática de textos del ámbito migratorio

La traducción de textos del ámbito migratorio implica una situación comunicativa muy interesante. Por una parte, los textos que se manejan en este ámbito destacan, como ya vimos en el capítulo 1 al analizar las necesidades comunicativas de las personas migrantes, por características lingüísticas como las siguientes: la nominalización, la despersonalización, las construcciones formadas por participio+sustantivo, la subordinación reiterada, las construcciones pasivas, el uso de la pasiva refleja y la abundancia de siglas. A esto se añaden las barreras culturales que se habrán de sortear para generar un texto aceptable como resultado del proceso de traducción, sobre todo, en términos y expresiones que se refieren a una realidad o a un tipo de documento específico para una administración determinada del Estado.

Por otra parte, la comunicación multilingüe es clave en el contexto migratorio. Debido a las restricciones presupuestarias para la gestión de las necesidades lingüísticas de las personas migrantes (Tesseur, 2017 y 2022), el uso de la traducción automática se ve a menudo como una solución práctica en las diferentes etapas de la cadena de ayuda, como ya apunté en el capítulo 1. Sin embargo, la utilización indiscriminada de esta tecnología podría suponer una brecha en el flujo comunicativo o incluso, en algún momento, un riesgo importante dependiendo del tipo de contenido a traducir (Nitzke et al, 2019). Por esta razón, es relevante definir criterios que permitan evaluar el impacto que tienen los contenidos traducidos automáticamente como respuesta a las necesidades multilingües de las personas migrantes. Hay aspectos importantes que se refieren, por ejemplo, a los referentes culturales que contienen los textos de este campo y que no tienen un tratamiento adecuado en la traducción automática. En concreto, se trata de los siguientes casos:

a) Documentos oficiales y leyes que no tienen una correspondencia directa en otro idioma (es el caso, por ejemplo, de una Ley orgánica).

b) Cuestiones relacionadas con la división geográfica como, por ejemplo, las «provincias» y «comunidades autónomas».

c) Diferentes equivalencias en diferentes idiomas para el mismo concepto. Es el caso, por ejemplo, de la palabra «residencia» y su traducción al francés («domiciles», «résidence» o «séjour»); o la palabra «ocupación» (empleo), que fuera de contexto puede ser traducida automáticamente con el sentido de «invasión».

d) La traducción de las siglas como, por ejemplo, «Unidad de Grandes Empresas y Colectivos Estratégicos (UGE-CE) » para las que la traducción automática genera una traducción literal en francés «Pôle Grandes Entreprises et Groupements Stratégiques» (CGU-CE).

e) Palabras con un marcado referente cultural como «pareja» que incluyen la posibilidad de estar (o no) casado y que en otras culturas supone necesariamente la necesidad de un matrimonio (como ocurre, por ejemplo, en árabe).

f) La obligación de marcar en los formularios el primer y segundo apellidos.

g) Las siglas en los formularios como, por ejemplo, las referidas al sexo (H y M), las correspondientes al estado civil (S, C, V, D, Sp) o el N.I.E.

No cabe duda de que los desarrollos actuales de los sistemas de traducción automática neuronal dan una calidad muy alta y que, como hemos visto, los resultados son suficientemente satisfactorios como para poder proporcionar un primer borrador de traducción. En este sentido, es interesante el trabajo de Ricart Vayá & Jordán Enamorado (2022) sobre la aplicación de la traducción automática en contextos de crisis humanitarias. En su estudio, estos autores se centran en criterios de evaluación vinculados con la eficacia en un contexto de necesidad comunicativa inmediata como es el de la comunicación con refugiados ucranianos en España, de manera que «una traducción que podría ser considerada como de baja calidad en un contexto, podría tener una calidad suficiente en otro contexto distinto, dependiendo del propósito del usuario» (Ricart Vayá & Jordán Enamorado, 2022, p. 108). Los datos que recogen los autores son fundamentalmente cuantitativos y apuntan a que en más de un 60% de las ocasiones, los resultados de la traducción automática son «perfectos o casi perfectos» y que en cerca del 30% restante la traducción permite comprender fragmentos de la información original, mientras que alrededor de un 10% de las interacciones son completamente erróneas. Por lo tanto, el uso de la TA permite la comunicación de los refugiados ucranianos con las personas de habla castellana con un porcentaje de éxito elevado. En este punto,

conviene mencionar que cuando se trata de evaluar la traducción automática de los referentes culturales no basta con emplear métricas cuan-
titativas porque este tipo de entidades requiere un análisis que tenga en
cuenta también cuestiones cualitativas que, además, podrían suponer una
brecha importante en la comunicación, como muestran los ejemplos que
he mencionado antes. Sin embargo, a pesar de las grandes expectativas
de calidad de la traducción automática es necesario tener en cuenta los
posibles riesgos que, incluso, podrían tener consecuencias graves. Así lo
indican, por ejemplo, Canfora & Ottmann (2020) cuando indican que,
entre otros, la traducción automática genera errores tales como omisiones,
traducciones erróneas, adiciones o terminología incoherente, que pueden
provocar daños, especialmente en dominios críticos para la seguridad. En
el caso de los ejemplos que he señalado no se trata claramente de riesgos
para la seguridad, aunque sí pueden tener el efecto de romper el flujo de la
comunicación y dejar a la persona migrante desasistida ante un texto que
aparentemente es fluido y aceptable pero que no consigue los fines comunicativos propuestos.

5.2. La posedición

Podemos considerar la posedición como una nueva especialidad relacionada con la TA, ya que es una actividad más de las que ofrece la industria
de la traducción. La posedición consiste en la revisión de los textos pro-
ducidos con traducción automática con el fin de detectar los errores que
esta haya podido generar. Este tipo de revisión es diferente de la que se
hace con un texto traducido por una persona puesto que el tipo de errores que comete un ordenador cuando traduce son diferentes de los que
podría tener un traductor profesional. Es cierto que la TA neuronal da
muy buenos resultados, según el tipo de texto que traduzcamos y, precisamente por esta razón, se necesita un buen ojo entrenado en hacer posedición para que no pasen desapercibidos errores importantes, sobre todo de
tipo terminológico o fraseológico.

El trabajo de posedición ha generado cierta controversia entre la
comunidad traductora, con posturas algo enfrentadas entre detractores
y defensores. Para los primeros, la posedición es una tarea a la que no
debe someterse un traductor profesional puesto que supone la devaluación

de su trabajo. Para los segundos, es un tipo de encargo adicional al de traducción. Cualquiera de las dos opciones es válida siempre que la remuneración que recibamos sea justa con respecto al esfuerzo que realizamos. Así, si tenemos que poseditar un texto de muy baja calidad, que nos va a llevar mucho tiempo, tendremos también que cobrar una cantidad acorde a este trabajo. Por el contrario, si el texto que poseditamos no contiene errores, entonces el precio que cobramos por este trabajo puede ser menor, teniendo en cuenta, claro está, que al hacer esa posedición conviene que pongamos en valor nuestro criterio como expertos por realizar la tarea. En cualquier caso, la discusión sobre las tarifas de posedición sigue suscitando importantes polémicas (Scansani & Mhedhbi, 2020). Es muy importante que tengamos en cuenta que para poder llevar a cabo la posedición es necesario saber qué nivel de calidad se espera del texto revisado. Al utilizar traducción automática no se puede pretender una calidad similar a la que daría un traductor humano a no ser que la intervención que hagamos sobre el texto sea exhaustiva. Con el fin de determinar, precisamente, el tipo de posedición que conviene hacer en cada caso, se suelen marcar dos tipos de recomendaciones: la posedición rápida y la posedición completa (Sánchez Ramos & Rico Pérez, 2020, pp. 73-91).

La posedición rápida se suele hacer para revisar textos cuyo contenido no tiene mucha relevancia o que son perecederos. Sería el caso, por ejemplo, de mensajes en redes sociales, foros de usuarios o correos electrónicos. El objetivo de la posedición rápida es hacer que el texto sea comprensible, pero sin que haya que hacer grandes cambios para mejorar el estilo. Así, puede parecer que el texto lo ha creado una máquina y contener algún error sintáctico, pero si el mensaje se transmite de manera global, la traducción automática se da por buena. Entre el tipo de modificaciones que se suelen hacer en la posedición rápida, están las siguientes:

a) Corregir términos que no sean correctos.
b) Añadir toda aquella información que se haya omitido.
c) Modificar cualquier error de ortografía.

Por su parte, la posedición completa se lleva a cabo en textos que necesitan un mayor grado de calidad por la importancia de su contenido: informes públicos, contratos, diagnósticos médicos, catálogos y condiciones de servicios, etc. El objetivo de la posedición completa no es solo que la traducción automática sea comprensible sino también que sea adecuada desde el punto de vista estilístico, aunque no llegue a ser tan buena como la que haría un traductor humano.

Veamos a continuación un ejemplo en el que muestro los dos tipos de posedición en un texto traducido automáticamente. En primer lugar, aparece el texto original, seguido de la traducción automática que ofrece *Google Translate*. A continuación, muestro el texto revisado con posedición rápida y, por último, la posedición completa. En cada caso, aparece tachado el segmento poseditado (una palabra, una frase o un término) y junto a él, la propuesta de traducción está marcada con un subrayado.

Texto original

> *Despite some progress, serious data gaps persist in SDG monitoring. Considerable progress has been made in the availability of internationally comparable data for SDG monitoring: the number of indicators included in the global SDG database increased from 115 in 2016 to 217 in 2022. However, significant data gaps still exist in terms of geographic coverage, timeliness and level of disaggregation, making it difficult to fully comprehend the pace of progress towards the realization of the 2030 Agenda, differences across regions and who is being left behind.*
>
> (United Nations, 2022, p. 4)

Traducción automática

> *A pesar de algunos avances, persisten importantes lagunas de datos en el seguimiento de los ODS. Se ha logrado un progreso considerable en la disponibilidad de datos internacionalmente comparables para el seguimiento de los ODS: el número de indicadores incluidos en la base de datos mundial de los ODS aumentó de 115 en 2016 a 217 en 2022. Sin embargo, aún existen brechas de datos significativas en términos de cobertura geográfica, oportunidad y nivel de desagregación, lo que dificulta comprender completamente el ritmo del progreso hacia la realización de la Agenda 2030, las diferencias entre regiones y quién se está quedando atrás.*

Posedición rápida

> *A pesar de algunos avances, persisten importantes lagunas ~~de~~ en los datos ~~en~~ para el seguimiento de los ODS. Se ha logrado un progreso considerable en la disponibilidad de datos internacionalmente comparables para el seguimiento de los ODS: el número de indicadores incluidos en la base de datos mundial de los ODS aumentó de 115 en 2016 a 217 en 2022. Sin embargo, aún existen brechas de datos significativas en términos de cobertura geográfica, oportunidad*

y nivel de desagregación, lo que dificulta ~~el poder~~ comprender completamente el ritmo del progreso ~~hacia la realización de la~~ para llegar a conseguir los objetivos de la Agenda 2030, así como las diferencias entre regiones y quién se está quedando atrás.

Posedición completa

A pesar de algunos avances, persisten importantes lagunas ~~de~~ en los datos ~~en~~ para el seguimiento de los ODS. Se ha logrado un progreso considerable ~~en la disponibilidad de~~ para que haya datos que sean ~~internacionalmente~~ comparables en el ámbito internacional para poder llevar a cabo el seguimiento de los ODS: el número total de indicadores incluidos en la base de datos mundial de los ODS aumentó de 115 en 2016 a 217 en 2022. Sin embargo, aún ~~existen brechas de datos~~ hay lagunas significativas ~~en términos de~~ con respecto a la cobertura geográfica, ~~la~~ oportunidad y ~~el~~ nivel de desagregación, lo que dificulta el poder comprender completamente el ritmo del progreso ~~hacia la realización de la~~ para llegar a conseguir los objetivos de la Agenda 2030, así como las diferencias entre las regiones y quién se está quedando atrás.

Como vemos, en el caso de la posedición rápida se han hecho los mínimos cambios posibles para que el texto resulte comprensible. Así, se han cambiado algunas preposiciones en el siguiente segmento:

lagunas de datos en el seguimiento

que se ha pasado a

lagunas ~~de~~ en los datos ~~en~~ para el seguimiento

También se han hecho modificaciones en la siguiente oración:

lo que dificulta comprender completamente el ritmo del progreso hacia la realización de la Agenda 2030, las diferencias entre regiones y quién se está quedando atrás.

con la siguiente posedición:

lo que dificulta el poder comprender completamente el ritmo del progreso ~~hacia la realización de la~~ para llegar a conseguir los objetivos de la Agenda 2030, así como las diferencias entre regiones y quién se está quedando atrás.

En el caso de la posedición completa, además de hacer cambios que mejoran la compresión del texto, se han hecho otros que mejoran el estilo, como es el caso del siguiente segmento:

Se ha logrado un progreso considerable en la disponibilidad de datos internacionalmente comparables para el seguimiento de los ODS.

que se ha poseditado del siguiente modo:

> *Se ha logrado un progreso considerable* ~~en la disponibilidad de~~ *para que haya datos que sean* ~~internacionalmente~~ *comparables en el ámbito internacional para poder llevar a cabo el seguimiento de los ODS.*

En este punto, es conveniente tener en cuenta que la posedición es una tarea que lleva asociado cierto desafío ya que, a menudo, se crea una tensión entre lo que la industria espera en términos de calidad y lo que los traductores están dispuestos a entregar como producto final. Los enfoques convencionales de posedición toman como punto de partida, como hemos visto, la distinción entre posedición rápida y completa, pero la división se difumina cuando se pone en práctica en un proyecto real en el que los traductores suelen encontrar dificultades para diferenciar entre cambios esenciales y cambios de estilo. En el momento en que se diseñaron las primeras guías de posedición, el papel del traductor humano en el proceso de traducción automática se percibía como accesorio, una visión heredada de los primeros días de la investigación cuyo objetivo era lo que entonces se denominó con las siglas FAHQMT (*Fully Automatic High Quality Machine Translation* o traducción automática de alta calidad), (Vieira, 2018, p. 319). A la vista de los últimos avances en traducción automática neuronal y del mayor nivel de calidad de los resultados que estos proporcionan, podemos pensar que la división tradicional de los niveles de posedición deja de ser válida. Esto nos lleva a plantear la posedición como un proceso de dos fases:

1. Primera fase. Se comprueban los siguientes aspectos:
   a) que no se ha dejado nada sin traducir.
   b) que las referencias intertextuales son correctas: números de tablas, sistema de numeración entre las distintas partes del texto, citas, notas a pie de página.
   c) que no hay contradicciones con el original.
   d) que se han aplicado de manera correcta las normas ortográficas.
   e) que la terminología es correcta y que se siguen las indicaciones de los glosarios del proyecto.
2. Segunda fase. Se corrigen los siguientes errores:
   a) las palabras o frases que queden en la lengua original (si es necesario).

b) las frases sin sentido.

c) los errores mecánicos.

d) las cuestiones estilísticas sólo cuando la modificación no lleve más tiempo del que llevaría traducir desde cero.

5.3. Creencias populares y cuestiones éticas sobre la traducción automática

Una de las principales creencias sobre la traducción automática es que esta va a sustituir a la traducción humana. En realidad, si lo pensamos bien, la transformación de las formas de trabajo es algo que ha ocurrido a lo largo de todos los periodos de la evolución de las sociedades. Desde la Prehistoria, con el uso de la piedra y los metales como herramientas que facilitaban de algún modo el trabajo diario, hasta la Edad Moderna, con la llegada de la revolución industrial, el ser humano siempre ha buscado nuevos métodos y procedimientos que mejorasen su vida. La llegada del ordenador es, desde luego, uno de los grandes desarrollos del siglo XX y ha afectado no solo a los modos de trabajo sino también al ocio y a nuestra vida cotidiana. En este sentido, la traducción no podía quedar atrás. Ya he comentado que los primeros desarrollos en traducción automática sí pretendían originalmente sustituir al traductor humano, pero, con el tiempo, lo que queda claro es que la labor del traductor profesional es siempre necesaria para asegurar la calidad final del texto. Pensemos, por ejemplo, en las consecuencias que podría tener entregar a un paciente su diagnóstico y tratamiento de una enfermedad traducido automáticamente sin que una persona haya comprobado la fidelidad al texto original; o la traducción automática de una sentencia judicial sin que tampoco haya pasado por unas manos profesionales. La traducción automática es, desde luego, una herramienta de ayuda y así es como debemos incorporarla a nuestro trabajo diario.

Junto a la idea de la desaparición del traductor, hay otra creencia también muy popular y es la que se refiere a que la traducción automática es gratuita. Sí es cierto que hay algunas plataformas online que ofrecen traducción automática gratuita, pero, en realidad, este tipo de traducción no es en ningún modo equiparable a la traducción como un servicio profesional. Los portales online de traducción sirven para traducir contenidos que no tienen ninguna relevancia puesto que al usar este tipo de servicios tenemos que ser conscientes de que nadie nos puede asegurar la fidelidad de la traducción con el texto original.

Por último, desde el punto de vista ético debemos tener en cuenta que nuestra obligación como buenos profesionales es usar la traducción automática también de manera profesional. Esto quiere decir que, si decidimos emplearla como herramienta de ayuda para nuestras traducciones, no usaremos tampoco estos portales gratuitos puesto que, entonces, corremos el riesgo de verter en Internet datos personales o confidenciales de nuestros clientes sin tener su autorización para ello. El modo ético de usar la traducción automática es contratar un servicio de pago mensual en alguna de las plataformas de traducción profesional que hay en Internet y asegurarnos de que el tratamiento de nuestros contenidos se hace acorde con la normativa vigente sobre la protección de datos.

Conclusiones. Hacia escenarios de traducción colaborativa en el trabajo humanitario

Los crecientes movimientos migratorios que se han ido sucediendo en todo el mundo a lo largo de la última década son sólo un ejemplo de las complejas situaciones lingüísticas en las que se ven inmersas las personas en circunstancias vulnerables. Cuando ocurre una catástrofe natural, cuando se da un conflicto armado o surgen situaciones de injusticia social, la comunidad de traductores se enfrenta siempre a importantes desafíos a la hora de cubrir las necesidades comunicativas entre diversas comunidades lingüísticas. Desde la investigación y el desarrollo en el área de las tecnologías de la traducción se han hecho algunos esfuerzos que puedan contribuir a mejorar estas situaciones de comunicación. Si bien es cierto que se trata de un área de escaso interés comercial para la industria, pienso que es necesario fomentar la exploración del papel que desempeña la tecnología en el campo de la traducción sin ánimo de lucro no sólo por razones filantrópicas, sino también porque ofrece un excelente escenario para la implementación de herramientas y recursos en los marcos de colaboración del siglo XXI. De hecho, las pocas iniciativas ya mencionadas a lo largo de esta monografía contribuyen a acercar la tecnología a los traductores en los siguientes términos:

a) Permiten aprovechar los recursos lingüísticos ya disponibles entre los organismos públicos y la administración.

b) Fomentan el desarrollo de herramientas TAO para los traductores que trabajan en el ámbito de la ayuda humanitaria.

c) Ayudan a explorar las posibilidades de una plataforma de traducción colaborativa para compartir recursos.

El cambio de paradigma hacia los contenidos generados por los usuarios en escenarios colaborativos del que estamos siendo testigos también afecta al sector de la traducción. Como señalan Désilets et al (2009, p.1), "la colaboración en línea tiene un impacto significativo en la forma en que traducimos contenidos" y compartimos recursos tanto en las memorias de traducción como en los glosarios y las bases de datos terminológicas. En el contexto de la traducción sin ánimo de lucro, hemos visto iniciativas como las que llevan a cabo *Translators without Borders* o *Humanterm* con el objetivo de crear plataformas colaborativas de acceso en la web en la que los traductores voluntarios interactúen directamente con las organizaciones humanitarias que necesitan su ayuda. Esta comunidad autogestionada se conecta a través de una sencilla plataforma tecnológica que les permite trabajar en un entorno de colaboración, sin importar en qué lugar del mundo vivan o qué idioma hablen. Estas iniciativas responden a un escenario de trabajo en el que los traductores están emocionalmente implicados en el contexto en el que se traduce y su motivación para crear una comunidad colaborativa se fomenta con "una promoción continua de su causa, una comunicación frecuente con los voluntarios, la transmisión de los comentarios de los clientes y de los profesionales a los voluntarios, y la provisión de referencias para los voluntarios" (Desilets et al, 2009, p. 5). Otro aspecto que motiva este tipo de colaboraciones es la rapidez de la respuesta ante situaciones de crisis para traducir contenidos que normalmente no se traducen. A raíz de estas iniciativas de creación de entornos colaborativos en el contexto de la traducción sin ánimo de lucro, se puede trazar un primer esbozo de sus principales características atendiendo a dos criterios clave. Por una parte, el modo en que se distribuyen las tareas de traducción y, por otra, las consecuencias que tiene el uso de la tecnología de la traducción en tanto que facilitadora de tareas colaborativas.

La primera característica, la distribución de las tareas de traducción, nos permite entender cuáles son las herramientas que necesitan los traductores en vista de las tareas que realizan. Aunque ha habido una cantidad razonable de investigaciones sobre este tema, tanto desde la teoría como desde la práctica de la traducción, incluida la gestión de proyectos (Hartley, 2009), pocos o ningún trabajo ha abordado las necesidades tecnológicas específicas del traductor en el ámbito de las organizaciones sin ánimo de lucro. A lo largo de los diferentes capítulos que componen la presente obra hemos podido reconocer cuatro grandes recursos que la tecnología pone a nuestra disposición: los corpora textuales, las bases de datos terminológicas, las memorias de traducción y la traducción automática. Con relación a la segunda característica, esto es, el uso de la tecnología como facilitadora de tareas colaborativas, vemos que existe un fuerte componente social de la tecnología de la traducción cuando esta se inserta en contextos sin ánimo de lucro. En este sentido, podemos considerar el uso de la tecnología de la traducción como una "actividad social" (Mihalache, 2009, p. 159) que implica "el establecimiento de comunidades de conocimiento, así como el desarrollo de competencias que permiten el intercambio de estos conocimientos en beneficio de la comunidad, un contexto en el que los traductores expresan sus opiniones y sentimientos y emiten juicios sobre la traducción". A esto hay que añadir los ejemplos de buenas prácticas en la aplicación de la tecnología de la traducción como es el caso de *Amnistía Internacional*, *Oxfam* o *Cochcrane* tal como vimos en el capítulo 1. En todos ellos se consigue fomentar la participación de la comunidad y la motivación de los usuarios a través de la tecnología.

En esta monografía he presentado una relación detallada del trabajo realizado en la recopilación de datos y el desarrollo de recursos, con ejemplos reales sobre corpus, terminología, memorias de traducción y traducción automática. También he puesto de manifiesto una serie de lagunas que aún quedan por cubrir si queremos comprender la verdadera naturaleza de la traducción en el entorno migratorio y reunir información detallada sobre las condiciones de trabajo y el modo óptimo de utilizar la tecnología. El análisis en profundidad del proceso de traducción en el ámbito de la migración ha revelado la naturaleza de esta práctica y su relación con la tecnología en áreas como la implementación de la traducción automática, el apoyo a las tareas de posedición, la idoneidad de las plataformas de traducción basadas en la web, la percepción de los traductores sobre la tecnología y el flujo de trabajo de la traducción. En este sentido, esta monografía puede considerarse valiosa en tanto que representa un primer paso para responder a la demanda de inmediatez de los traductores que trabajan en contextos migratorios.

Referencias bibliográficas

ACNUR (2016). *Increasing two-way communication with refugees on the move in Europe.*
www.unhcr.org/innovation/increasing-two-way-communication-with-refugees-on-the-move-in-europe/

Alcina, A. (2020). *Tecnologías de la traducción. Ámbito de estudio y clasificación de las tecnologías de la traducción.* Universitat Jaume I. doi:http://dx.doi.org/10.6035/TI0925.TecnologiasTraduccion

Antonini, R., Cirillo, L., Rossato, L. & Torresi, I. (2017). *Non-professional Interpreting and Translation State of the art and future of an emerging field of research.* Londres, John Benjamins.

Austermühl, F. (2001). *Electronic tools for translators.* Manchester, St. Jerome.

Bahdanau, D., Cho, K. & Bengio, Y. (2014). Neural machine translation by jointly learning to align and translate, en *3rd International Conference on Learning Representations*, ICLR, eds. Y. Bengio y. LeCun, doi: 10.48550/arXiv.1409.0473

Baigorri Jalón, J. (2011). Wars, languages and the role(s) of interpreters. En H. Awaiss & J. Hardane (Eds.), *Les liaisons dangereuses: Langues, traduction, interprétation* (pp. 173–204). Beirut: Fuentes-Cibles.

Benton, M. & Glennie, A. (2016). *Digital Humanitarianism: How Tech Entrepreneurs are Supporting Refugee Integration.* Washington, DC: Migration Policy Institute.

Bender, E. (2022). Look behind the curtain: Don't be dazzled by claims of 'artificial intelligence. *The Seattle Times.* https://www.seattletimes.com/opinion/look-behind-the-curtain-dont-be-dazzled-by-claims-of-artificial-intelligence/

Bender, E., Gebru, T., McMillan-Major, A. & Shmitchell, M. (2021). On the dangers of stochastic parrots: Can language models be too big? *Proceedings of the 2021 ACM Conference on Fairness, Accountability, and Transparency*, pp. 610–623. <https://dl.acm.org/doi/10.1145/3442188.3445922 >

Bowker, L. (2004). Corpus resources for Translation: Academic Luxu y or Professional Necessity? *TradTerm* 10, 213-247.

Bowker, L & Pearson, J. (2002). *Working with specialized language: a practical guide to using corpora*. Londres, Routledge.

Bowker, L. & Barlow, M. (2008). Bilingual concordancers and Translation memones. En E. Yuste (Ed.) *Topics in Language Resources for Translation and Localisation*, pp. 1-24. Amsterdam / Philadelphia, John Benjamins.

Cabré, T. (2008). La terminologia: desenvolupament i utilitat en la formació de traductors. *Tradumàtica*. http://www.fti.uab.es/tradumatica/revista/nurn6/articles/Ol /O1. pdf

Canfora, C. & Ottmann, A. (2020). Risks in neural machine translation. *Translation Spaces* 9: 1, 58–77. https://doi.org/10.1075/ts.00021.can

Castillo, C. (2009). La elaboración de un corpus ad hoc paralelo multilingüe. *Tradumàtica*. 7. http://www.fti.uab.es/tradumatica/revista/num7/sum~.htm#.

Combeaud Bonallack, P. (2018). Amnesty International Language Resource Centre Overview of current context and vision for the future. *Translation Spaces*, 7(1), 92-105. https://www.jbe- platform.com/content/journals/10.1075/ts.00005.com

Comunidad de Madrid. (2018). *Plan de inmigración 2019-2021*. Consejería de políticas sociales y familia. https://www.comunidad.madrid/transparencia/sites/default/files/plan/document/plan_de_inmigracion_2019-2021.pdf

Contreras Blanco, F. (2020). *Migraciones. 108 términos esenciales*. Madrid. Universidad Europea.

Corpas, G. 2001. Compilación de un corpus ad hoc para la enseñanza de la traducción inversa especializada. *Trans*, 5. 155-184. https://doi.org/10.24310/TRANS.2001.v0i5.2916

de las Heras, C. (2022). Entrevista de AFIPTISP a Carmen de las Heras. https://www.afiptisp.org/index.php/entrevista-a-carmen-de-las-heras-cear-26-mayo-2022/

Delgado Luchner, C. (2018). Contact zones of the aid chain. The multilingual practices of two Swiss development NGO. *Translation Spaces* 7(1), 44 – 64. https://doi.org/10.1075/ts.00003.del

Delgado Luchner, C. & Kherbiche, L. (2018). Without fear or favour? The positionality of ICRC and UNHCR interpreters in the humanitarian field. *Target*, 30(3), 408–429 https://doi.org/10.1075/target.17108.del

Désilets, A., Huberdeau, L., Laporte, M., & Quirion, J. (2009). Building a Collaborative Multilingual Terminology System. *Translating and the Computer*, Aslib. http://mt-archive.info/Aslib-2009-Desilets.pdf

Dimas Furtado, A. B. & Duarte Teixeira, E. (2022). Multilingual Corpus on Migration and Asylum (COMMIRE): planning, compilation, and overall content. *Texto Livre*, 15. https://www.redalyc.org/journal/5771/577170677033/html/#B25

Drouin, P. (2003). Term extraction using non-technical corpora as a point of leverage, *Terminology*, 9, 1, 99-117.

Durán Muñoz, I. (2012). Meeting translators' needs: translation-oriented terminological management and applications, *The Journal of Specialised Translation*, 18, 77-92

El-Madkouri Maataoui, M. (2016). El discurso del lenguaje jurídico-administrativo español: análisis y perspectivas. En Eurrutia Cavero, M. (Ed.). *El lenguaje jurídico y administrativo en el ámbito de la extranjería. Estudio multilingüe e implicaciones culturales.* Berlin, Peter Lang, pp. 127-164.

Evans, C., Parsons, A., Samadi, M., Seah, J. & Wallace, C. (2015). *Leveraging Humanitarian Technology to Assist Refugees.* Universidad de Pennsylvania. https://global.upenn.edu/sites/default/files/perry-world-house/HumanitarianTechnologyReport1.pdf

EU Immigration Portal. (2022). Portal web. https://immigration-portal.ec.europa.eu/general-information/who-does-what_en

Federici, F., O'Brien, S. & Gerber, B. (2017). Crises in Multilingual Contexts, or the Translation Barrier. Institute of Hazard Risk and Resilience, Universidad de Durham, Reino Unido, 19-22 de septiembre de 2017. https://drive.google.com/file/d/1kSGPGYOM257jI0R_SS9e5mlw-8OVG5HGz/view

Finnish Immigration Service. (2022). Portal web: https://migri.fi/en/home

Footitt, H. & A. Crack. (2018). *Respecting communities in International Development: languages and cultural understanding.* Intrac for Civil Society. https://www.intrac.org/resources/respecting-communities-international-development-languages-cultural-understanding/

Forcada, M. L., Sánchez-Martínez, F., Pérez-Ortiz, J. A. (2016). *Manual de informática y de tecnologías para la traducción.* URI: http://hdl.handle.net/10045/53085

Foresti, M. & Hagen-Zanker, J. (2017). *Migration and the 2030 Agenda for Sustainable Development. Overseas Development Institute (ODI)*. https://odi.org/en/publications/multimedia/migration-and-the-2030-age nda-for-sustainable-development-an-interactive-tool/

Ghandour-Demiri, N. (2017). *Language and comprehension barriers in Greece's migration crisis*. https://translatorswithoutborders.org/langu age-comprehension-barriers-in-greeces-migration-crisis/

Giménez Romero, C. (1997). La naturaleza de la mediación intercultural. *Revista de Migraciones*, 2, 125-159.

Gow, F. (2007). You Must Remember This: The Copyright Conundrum of Translation Memory Databases. *Canadian Journal of Law and Technology*, 6,3.

Hale, S. (2011). Public Service Interpreting. En K. Malmkjær & K. Windle (Eds.), *The Oxford Handbook of Translation Studies*. 10.1093/oxfordhb/ 9780199239306.013.0024

Hartley, T. (2009). Translation and technology. En J. Munday (Ed.), *The Routledge companion to translation studies* (pp. 106–127). Londres, Routledge.

Hassan, H. (2017). Translation strategies for evidence-based health research. *V International Conference: Translating Voices, Translating Regions*, CenTrans, 13-15 de diciembre de 2017 Europe House, Londres.: https:// drive.google.com/file/d/1RtzZobtetdH08Ebml6MDYjKZT7i2c- Krt/view

Jalili Sabet, M., Negri, M., Turchi, M., de Souza, J. & Federico, M. (2016). TMop: a Tool for Unsupervised Translation Memory Cleaning. *Proceedings of ACL-2016 System Demonstrations*, pp 49–54, Berlin, Germany. Association for Computational Linguistics.

Jiménez-Ivars, A. & León-Pinilla, R. (2018). Interpreting in refugee contexts. A descriptive and qualitative study. *Language & Communication* 60, 28-43. https://doi.org/10.1016/j.langcom.2018.01.009

Lacy Swing, W. (2017). *Panel 1: Sustainable development and poverty eradication*. https://www.iom.int/sites/g/files/tmzbdl486/files/our_work/ ODG/GCM/Director-General-Statement-Second-Informal-Thematic- Consultation.pdf

Lavid-López, J., Maíz-Arévalo, C., & Zamorano-Mansilla, J. R. (Eds.) (2021). *Corpora in Translation and Contrastive Research in the Digital Age*. Londres, John Benjamins. https://doi.org/10.1075/BTL.158

Lewis, W., Munro, R. & Vogel, S. (2011). Crisis MT: Developing A Cookbook for MT in Crisis Situations. *Proceedings of the Sixth Workshop on Statistical Machine Translation*, Association for Computational Linguistics. http://aclweb.org/anthology/W11-2164

Lorente Casafont, M. (2016). La lingüística de corpus para el estudio del discurso especializado de los ámbitos jurídico y administrativo. En Eurrutia Cavero (Ed.) *El lenguaje jurídico y administrativo en el ámbito de la extranjería. Estudio multilingüe e implicaciones culturales*. Berlín, Peter Lang, pp. 168-193

Mariani, J. (2021). Migration terminology in the EU Institutions. Overview and patterns of use of terms from 1950 to 2016. *Terminology* 27,1, 35–55.

Martindale, M. & Carpuat, M. (2018). Fluency Over Adequacy: A Pilot Study in Measuring User Trust in Imperfect MT. *Proceedings of the 13thConference of the Association for Machine Translation in the Americas* (Volume 1: Research Track). Association for Machine Translation in the Americas, Boston, MA, pp. 13–25. https://www.aclweb.org/anthology/W18-1803

Massardo, I. J. van der Meer & Khalilov, M. (2016). *TAUS Translation Technology Landscape Report*. De Rijp, Países Bajos, TAUS BV.

Melby, A.K. (1994). The Translator Workstation, *Professional Issues for Translators and Interpreters. vol.VII. American Translators Association*. Amsterdam/Philadelphia, John Benjamins.

Mesa-Lao, B. (2008). Cataleg de gestors de terminología. *Tradumática*. 6. http://www.fti.uab.es/tradumatica/revista/num6/a~icles/lO/lO.pdf

Mihalache, I. (2009). Social and economic actors in the evaluation of translation technologies: Creating meaning and value when designing, developing and using translation technologies. En W. Daelemans & V. Hoste (Eds.), *Evaluation of translation technology*, Linguistica Antverpiensia New Series, X, 159-177

Naciones Unidas. (2015). *Transforming Our World: The 2030 Agenda for Sustainable Development*. Resolución aprobada por la Asamblea

General el 25 de septiembre de 2010. http://www.un.org/ga/search/view_doc.asp?symbol=A/RES/70/1&Lang=E

Naciones Unidas. (2017). *La función de la traducción profesional en el establecimiento de vínculos entre las naciones y la promoción de la paz, el entendimiento y el desarrollo. Resolución 71/288.* https://docu…nts-dds-ny.un.org/doc/UNDOC/GEN/N17/149/34/PDF/N1714934.pdf?OpenElement

Naciones Unidas. (2022). https://www.un.org/fr/global-issues/refugees

Nitzke, J., Hansen-Schirra, S. & Canfora, C. (2019). Risk management and post-editing competence. *The Journal of Specialised Translation*, 31, 239-259 https://jostrans.org/issue31/art_nitzke.php

O'Brien, S. (2010). Introduction to post-editing. Proceedings of the American Translators Association 2010. https://amta2010.amtaweb.org/AMTA/papers/6-01-ObrienPostEdit.pdf

O'Brien, S., Liu, C., Way, A., Graça, J., Martins, A., Moniz, H., Kemp, E. & Petras, R. (2017). The INTERACT Project & Crisis MT. *XVI Machine Translation Summit*, Nagoya, Japón, 19-21 de septiembre de 2017. https://drive.google.com/file/d/1bZgyyRQmcjC0maZNt379_Khubha-YFtLm/view

ODS. (2023a). *Why it matters? No poverty.* https://www.un.org/sustainabledevelopment/wp-content/uploads/2016/08/1_Why-It-Matters-2020.pdf

ODS. (2023b). *Fin de la pobreza. ¿Por qué es importante?* https://www.un.org/sustainabledevelopment/es/wp-content/uploads/sites/3/2016/10/1_Spanish_Why_it_Matters.pdf

Ouyang, L. et al (2022). Training language models to follow instructions with human feedback. https://doi.org/10.48550/arXiv.2203.02155

Pérez-Ortiz, J.A., Forcada, M. L. & Sánchez-Martínez, F. (2022). How neural machine translation works, en D. Kenny (ed.), *Machine translation for everyone: Empowering users in the age of artificial intelligence (Translation and Multilingual Natural Language Processing 18)*. Berlin, Language Science Press

Portal web de la Policía Nacional. (2022). https://www.policia.es/_es/extranjeria_asilo_y_refugio.php#

Portal de inmigración del Ministerio de Inclusión. (2022). https://extranjeros.inclusion.gob.es/es/Programas_Integracion/index.html

Quah, C. K. (2006). *Translation and Technology*. Nueva York, Palgrave Macmillan.

Ramírez-Sánchez, G., Zaragoza-Bernabeu, J., Bañón, M. & Ortiz Rojas, S. (2020). Bifixer and Bicleaner: two open-source tools to clean your parallel data. *Proceedings of the 22nd Annual Conference of the European Association for Machine Translation*. Lisboa, Portugal, European Association for Machine Translation-

Rico Pérez, C. & Torrejón Díaz, E. (2012). Skills and Profile of the New Role of the Translator as MT Post-editor. *Tradumàtica*. 10, 166 -178. https://doi.org/10.5565/rev/tradumatica.18

Ricart Vayá, A. & Jordán Enamorado, M.A. (2022). Traducción automática y crisis humanitaria: análisis de la eficacia de Google Translate en la comunicación con refugiados ucranianos en España. *Revista Tradumàtica. Tecnologies de la Traducció*, 20, 96-114. https://doi.org/10.5565/rev/tradumatica.306

Salamon, M.L. & Sokolowski, W. (2016). The Third Sector in Europe: Towards a Consensus Conceptualization, *TSI Working Paper Series* No. 2. Seventh Framework Programme (grant agreement 613034), European Union, Third Sector Impact.

Sales Salvador, D. (2005). Panorama de la mediación intercultural: y la traducción/interpretación en los servicios públicos en España. *Translation Journal*, 9:l.

Sales Salvador, D. & Valero Garcés, C. (2007). The Production of Translated Texts for Migrant Minority Communities. Some Characteristics of an Incipient Market. *Jostrans*. http://www.jostrans.org/is~eO7/an~valero~sales.ph

Sánchez-Cartagena, V. M., Bañón, M., Ortiz-Rojas, S. & Ramírez-Sánchez, G. (2018).Prompsit's submission to WMT 2018 Parallel Corpus Filtering shared task, in *Proceedings of the Third Conference on Machine Translation, Volume 2: Shared Task Papers*. Association for Computational Linguistics.

Sánchez Ramos, M. M. (2019). Mapping new translation practices into translation training: promoting collaboration through community-based localization platforms. *Babel. International Journal of Translation* 65 (5), 615-632.

Sánchez Ramos, M.M. (2020). *Documentación digital y léxico en la traducción e interpretación en los servicios públicos (TISP): fundamentos teóricos y prácticos*. Berlín, Peter Lang.

Sánchez Ramos, M.M. & Rico Pérez, C. (2020). *Traducción automática. Conceptos clave, procesos de evaluación y técnicas de posedición*. Comares.

Savourel, Y. & Lommel, A. (2005). TMX 1.4b Specification. The Localisation Industry Standards Association (LISA). https://archive.ph/2013011 2210434/http://www.gala-global.org/oscarStandards/tmx/tmx14b.html

Sanz Martíns, A. (2018). Development in so many words. The Oxfam GB experience, *Translation Spaces* 7,1, 106-118. https://doi.org/10.1075/ts.00006.san

Scansani, R. & Mhedhbi, L. (2020). How do LSPs compute MT discounts? Presenting a company's pipeline and its use. *Proceedings of the 22nd Annual Conference of the European Association for Machine Translation*. https://bit.ly/2u1exEO

Seghiri, M. (2017). Metodología de elaboración de un glosario bilingüe y direccional basado en corpus para la traducción de manuales de instrucciones de televisores. *Babel*, 63:1, 43-64.

Sironi, A. C. Bauloz & Emmanuel, M. (eds.), (2019). *Glossary on Migration*. International Migration Law, No. 34. International Organization for Migration (IOM), Geneva

Slator. (2018). *Neural Machine Translation Report*. Slator A.G.

Smith, R. (2009). Copyright Issues in Translation Memory Ownership. *Translating and the Computer*, Londres, ASLIB. https://aclanthology.org/2009.tc-1.13.pdf

Steinberger, R., Eisele, A., Klocek, S., Pilos, S. & Schlüter, P. (2012). DGT-TM: A freely Available Translation Memory in 22 Languages. *Proceedings of the 8th international conference on Language Resources and Evaluation* (LREC'2012), Estambul, 21-27 mayo 2012.

Theologitis, D. (1997). Euramis, the Platform of the EC Translator, *EAMT Workshop*, Copenhagen, mayo 1997. https://aclanthology.org/1997.eamt-1.3.pdf

Tesseur, W. (2017). The translation challenges of INGOs. Professional and non-professional translation at Amnesty International. *Translation Spaces* 6, 2, 209–229. 10.1075/ts.6.2.02tes

Tesseur, W. (2018). Researching translation and interpreting in Non-Governmental Organisations. *Translation Spaces*, 7, 1, 1 – 19. https://doi.org/10.1075/ts.00001.tes

Tesseur, W. (2022). *Translation as a Social Justice: translation policies and practices in non-governmental organisations*. Londres, Routledge.

Torrijos Caruda, C. (2022). Inteligencia artificial y traducción al español. Proyección, riesgos y responsabilidad. *Puntoycoma. Boletín de Los Traductores Españoles*, 174, 31–40.

UN DESA. (2022). *Informe de los objetivos de desarrollo sostenible 2022*. https://unstats.un.org/sdgs/report/2022/The-Sustainable-Development-Goals-Report-2022_Spanish.pdf

United Nations. (2022). *The Sustainable Development Goals Report 2022*. https://unstats.un.org/sdgs/report/2022/

Valero Garcés, C. (2005). Terminology and Ad hoc Interpreting in Public Services. An Empirical Study, *Jostran. The Journal of Specialised Translation*, 3. 75-96.

http://www.jostrans.org/issue03/an-valero~arces.php.

Valero Garcés. C. (2009). Inmigración y servicios de traducción en España. *Lengua y migración*, 1, 2, 57-72

Valero Garcés, C. & A. Dergam. (2003). ¿Mediador social = mediador interlingüístico = intérprete? Práctica, formación y reconocimiento social del intérprete en los servicios públicos. En A. Collados Asís et al. (Eds.), *La evaluación de la calidad en interpretación: Docencia y profesión*(257-266). Granada. Comares.

Vargas-Sierra, C. & Ramírez Polo, L. (2011). The Translator's Workstations Revisited: A New Paradigm of Translators, Technology and Translation, *Tralogy: Tanslation Careers and Technologies: Convergence Points for the Future*. Paris, 3-4 de marzo de 2011. http://lodel.irevues.inist.fr/tralogy/index.php?id=71

Vieira, L. N. (2018). Automation anxiety and translators. *Translation Studies*, 13, 20, 1-21. 10.1080/14781700.2018.1543613

Vigier Moreno, F. (2016). Los corpus 'ad hoc' en la traducción inversa de textos jurídicos: ejemplos de su utilización como fuentes de información fraseológica y terminológica. *Revista liLETRAd*, 2: 867-878. https://revistaacademicaliletrad.files.wordpress.com/2019/06/liletrad-2-vol1.pdf

Vinck, P., Bennett, A., Quintanilla, J., Bouffet, T., Steets, J., Rupert, L., Davies, S. & Whitley, C. (2018). *Engaging with people affected by armed conflicts and other situations of violence.* Harvard Humanitarian Initiative. https://reliefweb.int/sites/reliefweb.int/files/resources/engaging-with-people-in-armed-conflict-recommendationt.pdf

Zanettin, F. (2002). Corpora in Translation Practice. *Actas del LREC Workshop #8 Language Resources for Translation Work and Research,* 28 de mayo de 2002, Las Palmas de Gran Canaria. http://www.lrec-conf.org/proceedings/lrec2002/pdf/ws8.pdf

Zanettin, F. (2012). *Translation-driven corpora.* Manchester, St. Jerome

Zimmer, A. y Pahl, B. (2016). *Learning from Europe: Report on third sector enabling and disabling factors.* Unión Europea.

Studien zur romanischen Sprachwissenschaft und interkulturellen Kommunikation

Herausgegeben von Gerd Wotjak, José Juan Batista Rodríguez und Dolores García-Padrón

Die vollständige Liste der in der Reihe erschienenen Bände finden Sie auf unserer Website
https://www.peterlang.com/view/serial/SRSIK

Band 110 Joaquín García Palacios / Goedele De Sterck / Daniel Linder / Nava Maroto / Miguel Sánchez Ibáñez / Jesús Torres del Rey (eds): La neología en las lenguas románicas. Recursos, estrategias y nuevas orientaciones. 2016.

Band 111 André Horak: Le langage fleuri. Histoire et analyse linguistique de l'euphémisme. 2017.

Band 112 María José Domínguez Vázquez / Ulrich Engel / Gemma Paredes Suárez: Neue Wege zur Verbvalenz I. Theoretische und methodologische Grundlagen. 2017.

Band 113 María José Domínguez Vázquez / Ulrich Engel / Gemma Paredes Suárez: Neue Wege zur Verbvalenz II. Deutsch-spanisches Valenzlexikon. 2017.

Band 114 Ana Díaz Galán / Marcial Morera (eds.): Estudios en Memoria de Franz Bopp y Ferdinand de Saussure. 2017.

Band 115 Mª José Domínguez Vázquez / Mª Teresa Sanmarco Bande (ed.): Lexicografía y didáctica. Diccionarios y otros recursos lexicográficos en el aula. 2017.

Band 116 Joan Torruella Casañas: Lingüística de corpus: génesis y bases metodológicas de los corpus (históricos) para la investigación en lingüística. 2017.

Band 117 Pedro Pablo Devís Márquez: Comparativas de desigualdad con la preposición de en español. Comparación y pseudocomparación. 2017.

Band 118 María Cecilia Ainciburu (ed.): La adquisición del sistema verbal del español. Datos empíricos del proceso de aprendizaje del español como lengua extranjera. 2017.

Band 119 Cristina Villalba Ibáñez: Actividades de imagen, atenuación e impersonalidad. Un estudio a partir de juicios orales españoles. 2017.

Band 120 Josefa Dorta (ed.): La entonación declarativa e interrogativa en cinco zonas fronterizas del español. Canarias, Cuba, Venezuela, Colombia y San Antonio de Texas. 2017.

Band 121 Celayeta, Nekane / Olza, Inés / Pérez-Salazar, Carmela (eds.): Semántica, léxico y fraseología. 2018.

Band 122 Alberto Domínguez Martínez: Morfología. Procesos Psicológicos y Evaluación. 2018.

Band 123 Lobato Patricio, Julia / Granados Navarro, Adrián: La traducción jurada de certificados de registro civil. Manual para el Traductor-Intérprete Jurado. 2018.

Band 124 Hernández Socas, Elia / Batista Rodríguez, José Juan / Sinner, Carsten (eds.): Clases y categorías lingüísticas en contraste. Español y otras lenguas. 2018.

Band 125 Miguel Ángel García Peinado / Ignacio Ahumada Lara (eds.): Traducción literaria y discursos traductológicos especializados. 2018.

Band 126 Emma García Sanz: El aspecto verbal en el aula de español como lengua extranjera. Hacia una didáctica de las perífrasis verbales. 2018.

Band 127 Miriam Seghiri. La lingüística de corpus aplicada al desarrollo de la competencia tecnológica en los estudios de traducción e interpretación y la enseñanza de segundas lenguas. 2020.

Band 128 Pino Valero Cuadra / Analía Cuadrado Rey / Paola Carrión González (eds.): Nuevas tendencias en traducción: Fraseología, Interpretación, TAV y sus didácticas. 2018.

Band 129 María Jesús Barros García: Cortesía valorizadora. Uso en la conversación informal española. 2018.

Band 130 Alexandra Marti / Montserrat Planelles Iváñez / Elena Sandakova (éds.): Langues, cultures et gastronomie : communication interculturelle et contrastes / Lenguas, culturas y gastronomía: comunicación intercultural y contrastes. 2018.

Band 131 Santiago Del Rey Quesada / Florencio del Barrio de la Rosa / Jaime González Gómez (eds.): Lenguas en contacto, ayer y hoy: Traducción y variación desde una perspectiva filológica. 2018.

Band 132 José Juan Batista Rodríguez / Carsten Sinner / Gerd Wotjak (Hrsg.): La Escuela traductológica de Leipzig. Continuación y recepción. 2019.

Band 133 Carlos Alberto Crida Álvarez / Arianna Alessandro (eds.): Innovación en fraseodidáctica. tendencias, enfoques y perspectivas. 2019.

Band 134 Eleni Leontaridi: Plurifuncionalidad modotemporal en español y griego moderno. 2019.

Band 135 Ana Díaz-Galán / Marcial Morera (eds.): Nuevos estudios de lingüística moderna. 2019.

Band 136 Jorge Soto Almela: La traducción de la cultura en el sector turístico. Una cuestión de aceptabilidad. 2019.

Band 137 Xoán Montero Domínguez (ed.): Intérpretes de cine. Análisis del papel mediador en la ficción audiovisual. 2019.

Band 138 María Teresa Ortego Antón: La terminología del sector agroalimentario (español-inglés) en los estudios contrastivos y de traducción especializada basados en corpus: los embutidos. 2019.

Band 139 Sara Quintero Ramírez: Lenguaje creativo en el discurso periodístico deportivo. Estudio contrastivo en español, francés e inglés. 2019.

Band 140 Laura Parrilla Gómez: La interpretación en el contexto sanitario: aspectos metodológicos y análisis de interacción del intérprete con el usuario. 2019.

Band 141 Yeray González Plasencia: Comunicación intercultural en la enseñanza de lenguas extranjeras. 2019.

Band 142 José Yuste Frías / Xoán Manuel Garrido Vilariño (Hrsg.): Traducción y Paratraducción. Líneas de investigación. 2020.

Band 143 María del Mar Sánchez Ramos: Documentación digital y léxico en la traducción e interpretación en los servicios públicos (TISP): fundamentos teóricos y prácticos. 2020.

Band 144 Florentina Mena Martínez / Carola Strohschen: Teaching and Learning Phraseology in the XXI Century. Phraseologie Lehren und Lernen im 21. Jahrhundert. Challenges for Phraseodidactics and Phraseotranslation. Herausforderungen für Phraseodidaktik und Phraseoübersetzung. 2020.

Band 145 Yuko Morimoto / Rafael García Pérez: De la oración al discurso: estudios en español y estudios contrastivos. 2020.

Band 146 Miguel Ibáñez Rodríguez: ENOTRADULENGUA. Vino, lengua y traducción. 2020.

Band 147 Miguel Ángel García Peinado / José Manuel González Calvo: Estudios de literatura y traducción. 2020.

Band 148 Fernando López García: La involuntariedad en español. 2020.

Band 149 Julián Sancha Vázquez: La injerencia del sexo en el lenguaje. Dos siglos de historia del género gramatical en español. 2020.

Band 150 Joseph García Rodríguez: La fraseología del español y el catalán. Semántica cognitiva, simbolismo y contrastividad. 2020.

Band 151 Melania Cabezas-García: Los términos compuestos desde la Terminología y la Traducción. 2020.

Band 152 Inmaculada Clotilde Santos Díaz: El léxico bilingüe del futuro profesorado. Análisis y pautas para estudios de disponibilidad léxica. 2020.

Band 153 Alfonso Corbacho: Nuevas reflexiones sobre la fraseología del insulto. 2020.

Band 154 Míriam Buendía Castro: Verb Collocations in Dictionaries and Corpus: an Integrated Approach for Translation Purposes. 2020.

Band 155 Guiomar Topf Monge: Traducir el género. Aproximación feminista a las traducciones españolas de obras de Annemarie Schwarzenbach. 2020.

Band 156 Miriam Seghiri / Lorena Arce-Romeral: La traducción de contratos de compraventa inmobiliaria: un estudio basado en corpus aplicado a España e Irlanda. 2021.

Band 157 Emmanuel Bourgoin Vergondy / Ramón Méndez González (eds.): Traducción y paratraducción: líneas de investigación II. 2021.

Band 158 Clara Inés López Rodríguez / Beatriz Sánchez Cárdenas: Theory and Digital Resources for the English-Spanish Medical Translation Industry. 2021.

Band 159 Alicia Mariscal: Categorización de los errores ortográficos en zonas de contacto lingüístico entre inglés y español. 2021.

Band 160 Esther Linares Bernabéu: Gender and Identity in Humorous Discourse Genero e identidad en el discurso humorístico. 2021.

Band 161 Matteo De Beni / Dunia Hourani-Martín (eds.): Corpus y estudio diacrónico del discurso especializado en español. 2021.

Band 162 María Clara von Essen: Identidad y contacto de variedades. La acomodación lingüística de los inmigrantes rioplatenses en Málaga. 2021.

Band 163 Juana Luisa Herrera Santana / Ana Díaz-Galán: Aportaciones al estudio de las lenguas. Perspectivas teóricas y aplicadas. 2021.

Band 164 Juan M. Carrasco González: Dialectología fronteriza de Extremadura. Descripción e historia de las variedades lingüísticas en la frontera extremeña. 2021.

Band 165 Álvaro Molina García: Fundamentos acústico-perceptivos de la escisión prestigiosa de /θ/. Estudio sociofonético en Málaga. 2021.

Band 166 Pau Bertomeu Pi: Peticiones en alemán y español. Un estudio contrastivo a partir de "Gran Hermano". 2022.

Band 167 Teresa Ortego Antón: La investigación en tecnologías de la traducción. Parámetros de la digitalización presente y la posible incidencia en el perfil de los futuros profesionales de la comunicación interlingüística. 2022.

Band 168 Jaime Sánchez Carnicer: Traducción y discapacidad. Un estudio comparado de la terminología inglés-español en la prensa escrita. 2022.

Band 169 Juan Manueal Ribes Lorenzo: Las palabras diacríticas en fraseología histórica. 2022.

Band 170 Patricia Buján Otero / Lara Domínguez Araújo (eds.): Traducción & Paratraducción III. 2022.

Band 171 Juan Cuartero Otal / Montserrat Martínez Vázquez / Regina Gutiérrez Pérez / Juan Pablo Larreta Zulategui (eds.): La interfaz Léxico-Gramática. Contrastes entre el español y las lenguas germánicas. 2022.

Band 172 Miguel Ibáñez Rodríguez: Enotradulengua. Géneros y tipos textuales en el sector del vino. 2022.

Band 173 Sara Quintero Ramírez: Estudio pragmático-textual de marcadores discursivos en crónicas audiovisuales de eventos deportivos. 2022.

Band 174 Yeray González Plasencia / Itziar Molina Sangüesa (eds.): Enfoques actuales en investigación filológica. 2022.

Band 175 Irma Mora Aguiar: De Numidia a Canarias: el viaje de la escritura líbico-bereber. 2022.

Band 176 Ferreiro-Vázquez, Óscar (ed.): Avances en las realidades traductológicas: tecnología, ocio y sociedad a través del texto y del paratexto. 2022.

Band 177 Félix Rodríguez González (ed.): Anglicismos en el español contemporáneo. Una visión panorámica. 2022.

Band 178 María del Mar Sánchez Ramos / Celia Rico Pérez (ed.): La traducción automática en contextos especializados. Una visión panorámica. 2022.

Band 179 Alicia Mariscal: Bilingüismo y contacto lingüístico en la comunidad de Gibraltar a partir del análisis contrastivo y de errores. 2022.

Band 180 María Araceli Losey León / Gloria Corpas Pastor: La terminología del dominio de la seguridad de la navegación marítima en inglés y en español. 2022.

Band 181 María del Mar Sánchez Ramos (ed.): Investigaciones recientes en traducción y accesibilidad digital. 2022.

Band 182 Encarnación Tabares Plasencia: Terminología y fraseología jurídicas en el "Libro de buen amor". 2022.

Band 183 Catalina Iliescu-Gheorghiu: Metodología de análisis traductológico. El modelo Lambert-Van Gorp y su aplicación a una revista de propaganda cultural durante la Guerra Fría. 2022.

Band 184 Amor López Jimeno: Estereotipos y pragmática intercultural en la pantalla. El humor como estrategia de aprendizaje y mediación. 2023.

Band 185 Ricardo Connett: El populismo como discurso en Venezuela y en España (1999-2018). Estudio de textos de Hugo Chávez y Pablo Iglesias. 2023.

Band 186 Elke Cases Berbel: Turismo, flujos migratorios y lengua. 2023.

Band 187 Dunia Hourani-Martín: Fraseología en el discurso jurídico-ambiental. Las construcciones verbonominales desde una perspectiva contrastiva (español-alemán). 2023.

Band 188 María del Carmen Balbuena Torezano: Identidad, territorio y lengua en torno al vino: aproximaciones desde la terminología y la traducción. 2023.

Band 189 Ferran Robles Sabater: Contextos de interpretación social en España. 2023.

Band 190 Sara Quintero Ramírez / Reynaldo Radillo Enríquez: Rasgos prosódicos en la marcación discursiva. 2023.

Band 191 Nieto García Paola: Contextos de interpretación social en España. 2023.

Band 192 Leticia Santamaría Ciordia: Nuevas tecnologías para la interpretación remota. Progresos y retos para la formación y la profesión. 2023.

Band 193 María José Serrano Montesinos / Miguel Ángel Aijón Oliva: Form and Meaning. Studies of Grammatical Variation and Communicative Choice in Spanish. 2023.

Band 194 Fernando López García: Lingüística de la ausencia. 2023.

Band   195 Carles Navarro Carrascosa: Lingüística queer hispánica. Las formas nominales de tratamiento de la comunidad de habla LGTBI. 2023.

Band   196 Félix Rodríguez González: Enciclopedia del anglicismo (Vol. II). Estudios sobre el anglicismo
en el español actual perspectivas lingüísticas. 2023.

Band   197 Celia Rico Pérez: Tecnologías de la traducción en el ámbito de las migraciones. 2023.

www.peterlang.com

Printed in Great Britain
by Amazon

d7bf387b-5982-415f-8be0-677233de7a6dR01